WJS CORSO

WJS

Michael Stürmer
Scherben des Glücks
Klassizismus und Revolution

CORSO bei Siedler

Inhalt

Abschied und Aufbruch:
Die Wiederkehr des Klassizismus — 9

Zierde und Inbegriff des 18. Jahrhunderts — 21

Die Suche nach dem Glück — 55

Die Geburt der Häßlichkeit — 71

Anmerkungen — 94

Literatur — 97

Abschied und Aufbruch:
Die Wiederkehr des Klassizismus

Wohl keine Epoche der neueren europäischen Geschichte erschien den Zeitgenossen so voll von Versprechen wie die Jahrzehnte vom Ende des Siebenjährigen Krieges bis zur Französischen Revolution, den später Lebenden aber so voll von Verdammnis. Es war die Epoche des »style antique«, den man später Klassizismus nannte. Sie wurde eingeleitet durch die ebenso enthusiastischen wie dilettantischen Ausgrabungen zuerst von Herculaneum und dann von Pompeji im Schatten des Vesuvs, die in den 1740er Jahren begannen und bald Ziel einer Pilgerschaft wurden für Maler und Architekten aus Nordwesteuropa und für reisende Mylords. Goethe stimmte nur in einen Chor ein, als er schrieb:

> »Das einfach Schöne soll der Kenner schätzen,
> Verziertes aber spricht der Menge zu.«
> (Die natürliche Tochter)

Der klassizistische Aufbruch war verbunden mit der Revolte des guten Geschmacks gegen Willkür und Unrast der Rocaille. Im Kult von Kubus und Kugel, Kreis und Quadrat, Pyramide und Symmetrie fand der neue Stil seine Logik und Grammatik. Und in der strengen Geometrie von Gebäudegrundriß, Stadtgrundriß und Weltgrundriß kündigten sich Umbrüche an, denen die Architektur des Alten Europa sowenig standhalten konnte wie seine gesellschaftliche Verfassung.[1] Novalis traf einen wichtigen Punkt, als er spottend schrieb: »Man irrt sehr, wenn man glaubt, daß es Antiken gibt. Erst jetzt fängt die Antike an zu entstehen ... Die Reste des Altertums sind nur die spezifischen Reize zur Bildung der Antike.«

Der doppelgesichtige Janus könnte das Sinnbild der Epoche sein, die ein ehernes Regime der Vernunft erstrebte und zugleich von Arkadien träumte. Die in ihren großen Rechtskodifikationen wie dem noch von Friedrich dem Großen auf den Weg gebrachten »Allgemeinen Landrecht für die Preußischen Staaten« den Trieb zur Glückseligkeit zur Grundlage der bürgerlichen Gesetze machen wollte und dennoch ängstlich an überlieferten Rechten und feudalen Besitztiteln festhielt – und um der Stabilität willen festhalten mußte. Die in der »Encyclopédie« längst begonnen hatte, eine Summe der Wissenschaft ihrer Zeit zu ziehen, und in Wahrheit der mittelalterlichen Technik und Sozialverfassung nur ein Denkmal in Folio setzte. Die in der Kriegskunst die unblutige Manöverstrategie zu vervollkommnen suchte und tatsächlich, wie im »Kartoffelkrieg« 1779 um die bayerische Erbfolge, das Wunder eines nahezu unblutigen Krieges erlebte – und doch längst auf Massenmobilisierung und das

Dogma der Vernichtungsschlacht zustrebte. Die, wie das königliche Frankreich, in Nordamerika einer Neuen Welt Geburtshilfe leistete und dadurch nur tiefer in die Sackgasse des finanziellen und politischen Ruins geriet. Die in England, wie Karl Marx es fünfzig Jahre später formulieren wird, den Demiurg der eigenen Zukunft erblickte und nicht wußte, ob diese Zukunft mit Schrecken oder mit Enthusiasmus zu begrüßen sei. Die von der Suche nach dem Glück befeuert wurde und der ein ehernes Zeitalter der Kriege und Katastrophen bevorstand. Die Epoche des Klassizismus war die Geburtsstunde der Modernität, und es ist kein Zufall, daß damals alle, fast alle Begriffe sich formten, die seither das Bild des Menschen von sich selbst und von der Welt bestimmt haben: Fortschritt und Geschichte, Gesellschaft und Bürger, Vernunft, Freiheit und die Suche nach dem Glück.[2]

Was aber war Klassizismus? Die Zeitgenossen selbst betrachteten sich nicht als Klassizisten, sondern als die Entdecker des Wahren und Richtigen nach der Frivolität und dem Überschwang der erotischen Kunst der Rocaille, der Muschel und der Asymmetrie, welche selber schon Revolte gewesen war gegen Pomp und Pathos, Symmetrie und Geometrie des Spätbarock. Von heute aus gesehen war Klassizismus eine Bewegung, die zwischen Rom und Stockholm und zwischen London, Paris, Berlin und Warschau blühte, mit einem beachtlichen Export ins gustavianische Schweden und ins Rußland

Katharinas der Großen. Klassizismus war nicht nur eine Ausdrucksform der schönen Künste. Es war Lebensform und Lebensgefühl, vorbereitet durch Schriftsteller, Philosophen und Beamte des aufgeklärten Absolutismus und seit der Mitte des 18. Jahrhunderts von oben ins Werk gesetzt durch fürstliche Patronage, in Frankreich durch den Anspruch der aufsteigenden Hochfinanz, welche die Steuerpacht in der Hand hielt, in England durch Gentry und Aristokratie, welche das Leben »in the grand manner« führen wollten und dafür durch das Genie Robert Adams und seiner jüngeren Zeitgenossen sich die Szenerie einrichten ließen: Landsitz und Park, Salon und Bibliothek sollten werden, was die Kunstgeschichte später Gesamtkunstwerk nannte.[3]

Klassizismus war ein belesener Stil, ein Medium der Gebildeten, voll von Zitaten, welche nur den Eingeweihten ihr Geheimnis preisgaben. Und Klassizismus war mehr als das: Dahinter stand die Idee, daß Bühne und Leben, die Wirklichkeit und ihre Kritik Teil desselben historischen Wandlungsprozesses seien.

Nach einem Menschenalter aber hatte die klassizistische Formensprache sich verbraucht. In den konsumfreudigen Renaissancen des 19. Jahrhunderts fiel sie allein noch durch ihre Abwesenheit auf. Allenfalls die Epigonen von Percier und Fontaine hielten in Paris noch die Erinnerung wach, die Nachfolger Schinkels in Berlin, dazu Semper in

Dresden und Wien und Gärtner in München. Romanik und Renaissance und Barock waren es viel mehr, welche die Baumeister des jungen Industriezeitalters inspirierten. Dies galt noch mehr, seitdem die industrielle Revolution der Mitte des Jahrhunderts einen Reichtum erzeugte, der selbstbewußt Ausdruck suchte. Erst im letzten Drittel des 19. Jahrhunderts wurde der allenfalls noch von reichen Sammlern geschätzte Klassizismus des vergangenen Jahrhunderts als eigenständige Kunstströmung wiederentdeckt. In Frankreich war es die Kaiserin Eugenie, welche Marie Antoinette huldigte. In Deutschland verbindet sich diese Wiederentdeckung des Klassizismus am stärksten nicht mit den Namen von Kunsthistorikern, die folgten, sondern mit dem des industriellen Visionärs Walter Rathenau, der vorausging. Der Besitzer des Schlößchens Freienwalde unweit der Oder verhalf dem Klassizismus zu ästhetischer Anerkennung. Danach wurde die Erforschung des Klassizismus Domäne der akademischen Kunsthistorie.

Erst seit dem Zweiten Weltkrieg hat die Beschäftigung mit diesem letzten großen gemeineuropäischen Idiom, gipfelnd 1974 in der großen Londoner Ausstellung des Europarats »The Age of Neo-Classicism«, notwendige Revisionen vorgenommen: Die Rückkehr zu Kreis und Linie war nicht Rekurs auf die Einfachheit und Flucht in akademische Sterilität, sondern authentischer und schöpferischer Ausdruck einer Epoche, deren soziale Gebäude aus den

Fugen geraten waren und die in der Vergangenheit Vergewisserung suchte, daß die Reise nicht in den Abgrund ging.

In der Tat war es vor 1789, als ahne die Epoche, daß sich in ihr, wie nie zuvor, Abschied und Aufbruch miteinander verbanden: eine Zeit des intellektuellen Ausnahmezustands, der fiebrigen Suche nach Erkenntnis und des optimistischen Glaubens, daß der Wandel nur zum Guten stattfinden könne. Der Mensch, so die Botschaft der Aufklärung, brauche sich nur der Instrumente seiner eigenen Vernunft zu bedienen, und er werde sich zum Herrn seines Schicksals machen. Die Zeitgenossen waren von dieser Idee fasziniert: »Wenn man die Mitte unseres Jahrhunderts genauer betrachtet«, bemerkte d'Alembert 1759, »die Ereignisse, welche uns beschäftigen, unsere Gewohnheiten, unsere Leistungen und selbst die Gegenstände unserer Konversation, so kann man einen sehr tiefen Wandel unserer Ideen schwerlich übersehen, und er spielt sich in so großer Geschwindigkeit ab, daß er in Zukunft einen noch größeren Wandel verspricht.« D'Alembert formulierte die Hoffnung der Aufklärung, daß sie den Triumph von Vernunft und Wirklichkeit bewirken und Aberglauben, Ungerechtigkeit und Ignoranz besiegen werde; in einem Wort, daß die Ideale, die er und seine Mitherausgeber in der großen »Encyclopédie« seit 1754 publizistisch propagierten, einen neuen Weltzustand erzeugen würden.

Den Sturz der Kirche mag er noch vorhergesehen haben, nicht mehr den Sturz Gottes; die konstitutionelle Monarchie, nicht mehr die Guillotine; den Anspruch der Vernunft, nicht mehr die totalitäre Versuchung; die Kantsche Suche nach dem allgemeinen Sittengesetz angesichts der Grenzen der christlichen Ethik, nicht mehr die Französische Revolution. Aber d'Alembert ahnte, daß alles in Bewegung geraten war und das Ende der Bewegung nicht absehbar: Neues Licht sei auf die einen Gegenstände geworfen worden, neuer Schatten auf die anderen, »so wie Ebbe und Flut einige Objekte auf den Strand werfen und andere davontragen«.

Aufklärung war nur der philosophische Name einer Bewegung, deren ästhetischer Ausdruck sich im Klassizismus fand mit seinen verschiedenen Wellen und Gegenwellen von der frühen Revolte gegen Rokoko und Rocaille über den »goût anglais« um 1780 und den »goût etrusque« wenig später – mit einer frühen Neugotik und einer neuen China-Mode als abgesetzten Parallelen – bis hin zum Pathos der Revolutionsarchitektur und zur schweren, schon vulgarisierten und industrialisierten Geometrie des »style empire«, der einer neuen Elite das Dekorum ihres Lebens bot.

Die Renaissance hatte, nach dem Wort Jacob Burckhardts aus der Mitte des 19. Jahrhunderts, Entdeckung der Welt und des Menschen bedeutet. Auch der Mensch der Aufklärung wollte *ad fontes* zurückgehen, staunte vor der Größe der Alten und bedauerte die Kleinheit der Modernen, betete zu den antiken Göttern und nutzte sie zugleich als Spielmaterial seiner eigenen Identität, von der »fête champêtre« des absoluten Königtums im Park von Versailles, wie sie seit Watteaus Bildern vom irdischen Glück Fluchtpunkt der Realität wurden[4], bis zum römischen Tugendkult und zum Liktorenbündel, die der Revolution vorausgingen, und zum düsteren Republikanismus, der sie begleitete, und endlich zum »Premier Consul«, der sich zum cäsarischen Alleinherrscher aufschwang: Masken auf der Suche nach sich selbst. Zur Entdeckung der Welt und des Menschen fügte die Aufklärung noch das Medium der Gesellschaft hinzu mit ihren Komplementärfarben der Öffentlichkeit, der Vernunft und des Bürgers.

Keine Seite der Welt, kein Winkel der menschlichen Seele, welche das tintenklecksende Säkulum unerörtert ließ. Die Bibliotheken füllten sich mit Traktaten in Buch- oder Zeitschriftenform über die einfachsten und die bizarrsten Aspekte der Verbesserung des Ackers, der Handwerke, der Moral und der Strafen, der Bevölkerung, der Erziehung, der Religion, der Städteplanung. Und nichts beschäftigte so viele Schreiber wie die Pflichten der Herrscher und das Recht der Untertanen auf die Suche nach dem Glück. Beides wurde zumeist in engem Bezug aufeinander gesehen und dargestellt, gestützt auf die unwandelbaren Prinzipien der Natur und Vernunft, welche Jahrhunderte darauf gewartet hatten, nunmehr entdeckt zu werden, und die sich ohnehin bei näherer Betrachtung als ein und dasselbe erwiesen. Nichts war den Aufklärern so lieb wie ein Übelstand, den es zu entdecken, zu kritisieren und definitiv abzustellen galt.

Viele der damals entwickelten Ideen und Begriffe bestimmen uns bis heute – wenngleich die *naivitas prima* auf dem Wege verlorenging: die Arbeiten Voltaires, die Studien Humes, die Zeitkritik Rousseaus, die Ethik Kants, Gibbons Aufstieg und Fall des römischen Reiches, Winckelmanns Ideen über Kunst und Malerei, Beccaria über die Delikte und die Strafen. Dazu kamen die großen Entdeckungen der Physik und der Chemie, von James Watts Dampfmaschine über Benjamin Franklin bis zu Lavoisier, der als Steuerpächter auf die Guillotine mußte, weil die Revolution der Gelehrten nicht bedürftig war – »la révolution n'a pas besoin des savants«. In der Literatur aber erwies sich das Zeitalter der Vernunft auch als ein Zeitalter der Privatheit und Empfindsamkeit. Der »Vikar of Wakefield« steht neben den »Liaisons dangereuses«, Goethes »Werther« neben Schillers »Kabale und Liebe«, das Libretto des Lorenzo da Ponte zu Mozarts Oper »Le nozze di Figaro« an der Seite von Lessings bürgerlichem Trauerspiel oder Alfieris Tragödien.

Wie aber verbindet sich das politische und soziale Drama der Epoche mit einer Kunst, die so schulmäßig Inspiration aus dem zu entnehmen schien, was sich unter der Asche des Vesuvs fand, fast zwei Jahrtausende nach dem Untergang derer, die das alles einst bewohnten?

Der Schrecken des Siebenjährigen Krieges (1756–1763) bildete eine tiefe Zäsur, quer durch das 18. Jahrhundert. Die leichtlebige *douceur de vivre* der ersten Jahrhunderthälfte war vorbei, die Ahnung von Untergängen brach in der Geld- und Kreditkrise auf, die dem Krieg auf allen europäischen Finanzplätzen folgte und die Luxusmanufakturen heimsuchte und auf zehn Jahre stagnieren ließ. Dann folgte die große Hungerkrise von 1768 bis 1773. Parallel dazu verschärfte sich die Schieflage der französischen Finanz- und Rentenwirtschaft, die in der Jahrhundertmitte begonnen hatte und durch den amerikanischen Unabhängigkeitskrieg unumkehrbar wurde. Da wollte das Frankreich Ludwigs XVI. alte Rechnungen mit England begleichen und setzte doch sich selbst, indem es der nordamerikanischen Rebellion zum Siege verhalf, einer tödlichen Gefahr aus.

Und so wuchs auch über dem Optimismus der Aufklärer, die an Fortschritt und Vernunft glaubten, der schwere Schatten der gesellschaftlichen Krise herauf. Die Idee der »perfectibilité« wurde begleitet von Untergangsvisionen. Sie fanden ihren Ausdruck in Turgots pessimistischem Gesetz des abnehmenden Ertrags der Agrarinvestitionen, welches Hunger prophezeite; in Ricardos früher Formulierung des ehernen Lohngesetzes, welches Massenelend voraussagte; und endlich in Thomas

Robert Malthus' düsterem Bevölkerungsgesetz, wonach die Bevölkerung sich geometrisch vermehre, die Nahrungsbasis aber nur arithmetisch – das lief auf die Prophetie des Bürgerkriegs hinaus.

Die Untergangsvision aber stand neben dem Versprechen des Glücks. Es wurde 1776 in der »Virginia Bill of Rights« formuliert und fand sich wieder in der »Declaration of Independence« mit dem Satz, daß alle Menschen gleich geboren seien und zu ihren unveräußerlichen Rechten auch die Suche nach dem Glück gehöre; es fand sich auch in der ökonomischen Ethik des Adam Smith (1776), der im freien Markt auf die »invisible hands« setzte und davon die prästabilierte Harmonie des aufgeklärten Egoismus der wirtschaftenden Subjekte erwartete; und es fand sich schließlich auch in der kraftvollen Reformgesetzgebung Turgots, der in demselben Epochenjahr 1776 in den »Sechs Dekreten« den Kornhandel freigab, die Zwangsdienste der ländlichen Bevölkerung abschaffte und vor allem die Handwerkskorporationen in ihren Rechten einschränkte, um jedermann das »Recht auf Arbeit« zu vindizieren.

Klassizismus war der künstlerische Ausdruck einer krisenschwangeren Epoche, die ebenso rückwärts schaute in eine mythische Vergangenheit wie vorwärts in eine visionäre Zukunft. Das Janusgesicht aber schwebte nicht nur über den Ideen, es prägte auch Ökonomie und Technik. Im Klassizismus fand sich noch einmal die Summe mittelalterlicher Kunstfertigkeit, durch Konkurrenz und Daseinskampf der Zeit in die höchste Vollendung getrieben, und zugleich schon die Rationalität frühindustrieller Fertigung. Klassizismus war ebenso Abschied von den ermüdeten Lebensformen des Mittelalters wie Aufbruch in eine Welt, über die kein Gott und kein König mehr wachen würden.

Wie aber traten das Drama des Ancien Régime und die Entfaltung der angewandten Kunst zueinander in Resonanz? Wie wirkten sich Krisenbewußtsein und Revolution auf Geschmack und Kunstmarkt aus, auf das Milieu der Zünfte und auf die Welt der Hofwerkstätten und Luxusmanufakturen? Und wie kam es endlich, daß der hochfahrende »style empire«, die Lässigkeit der britischen Regency und die Bescheidenheit des deutschen Biedermeier allesamt nur noch Refrain des großen Klassizismus waren, der zwischen 1789 und 1799 endete?

Der europäische Klassizismus erweist sich als ein letzter Abschied von Größe und Elend Alteuropas. Es hat keine dreißig Jahre gedauert, daß in seinem Zeichen die Sehnsucht nach Arkadien und die Hoffnung auf Sparta nebeneinander existierten, die Süße des Ancien Régime mit seiner Verdammnis, der Abschied von den mittelalterlichen Lebensformen und der Aufbruch ins Industriezeitalter. Nirgendwo aber trat das Janusgesicht dieser Epoche zwischen Reform und Revolution deutlicher in Erscheinung als in dem kleinen deutschen Fürstentum Anhalt-Dessau an der Mittelelbe.

Zierde und Inbegriff
des 18. Jahrhunderts

WER AHNT SCHON, WENN ER AUF DER TRANSITAUTObahn nach Berlin die Elbe beim qualmenden Braunkohlenkraftwerk Vockerode quert, daß wenig südlich davon Schloß und Park Wörlitz in den Elbauen sich verbergen? Und wer weiß noch, daß dort in Dessau-Wörlitz vor zwei Jahrhunderten der aufgeklärte Absolutismus in seiner menschenfreundlichsten Form auf deutschem Boden sich selbst verwirklichte? 1984 erinnerte auf Österreichs Schallaburg eine Ausstellung der Staatlichen Museen der DDR – »Barock und Klassizismus. Kunstzentren des 18. Jahrhunderts auf dem Gebiet der heutigen DDR« – an diese Hauptstadt des moralischen und intellektuellen Aufbruchs der Goethezeit. »Zierde und Inbegriff des XVIII. Jahrhunderts« nannte schon Christoph Martin Wieland, was in Dessau-Wörlitz Gestalt gewonnen hatte.

Der Dessauer Kulturkreis bildete sich in dem Jahrzehnt nach dem Siebenjährigen Krieg (1756–1763) um den Fürsten Leopold III. Friedrich Franz von Anhalt-Dessau. Dieser hatte sich noch während des Großen Krieges von den preußischen Farben losgesagt, gegen den Geist des friderizianischen Militärdespotismus rebelliert und fand seitdem im

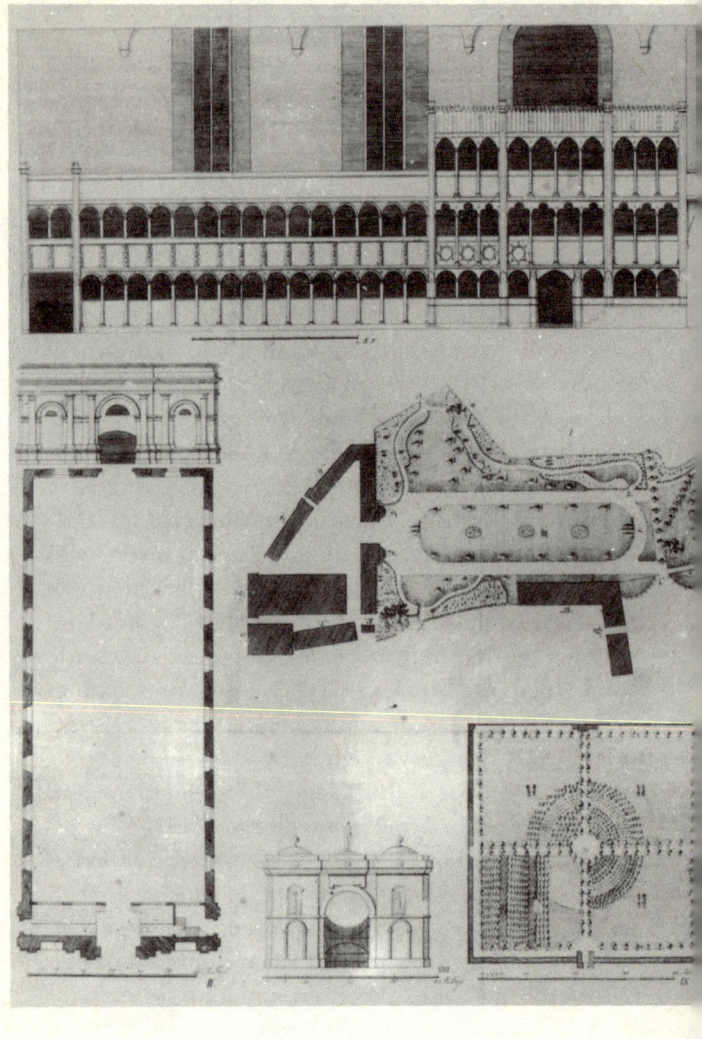

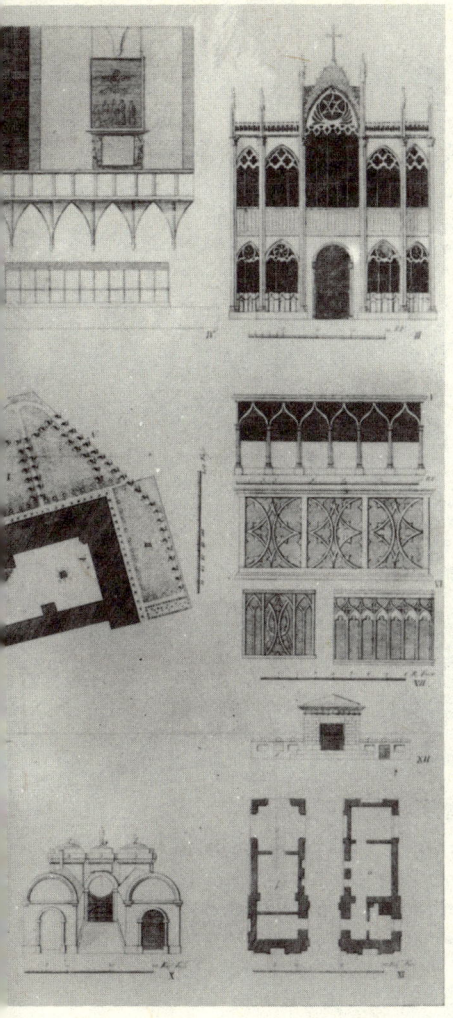

Park und Schloß Wörlitz, die Anlage des Fürsten Leopold III. Friedrich Franz von Anhalt, sind unter den vielen Ideal-Entwürfen der Epoche das einzig verwirklichte Beispiel eines Gesamtentwurfs jenes Jahrzehnts zwischen klassizistischer Antikensehnsucht und romantischer Gotikschwärmerei. Zustandsplan von Johann Christian Neumark, gestochen von Israel Salomon Probst, 1784.

Schloß Wörlitz war für den jungen Goethe ein überwältigendes Erlebnis: Nicht nur in einer Tagebucheintragung vom Mai 1778, sondern auch in einem gleichzeitig geschriebenen Brief an Charlotte vom Stein gibt er eine begeisterte Schilderung des Schlosses mit seiner Säulenvorhalle, der Freitreppe und

der Einbindung des Ganzen in den Park: »Die Tour vom Park im Regen. Wie das Vorüberschweben eines leisen Traumbildes.« Die Zeichnung, die Goethe vermutlich am selben Tag anfertigte, ist der Kunstgeschichte ein Beleg für das impressionistische Sehen Goethes geworden.

England der »new husbandry«, des Parlaments und der Gewaltenteilung das Vorbild für Politik und Gesellschaft. Er setzte alles daran, aus Dessau ein geistiges Gegenbild Preußens zu machen: kleiner Gartenstaat gegen großen Militärstaat.

Zusammen mit dem Hofgärtner Eyserbeck und dem Gentleman-Architekten Friedrich-Wilhelm von Erdmannsdorff (1736–1800) studierte der junge Fürst in England Gartenkunst und Architektur, lernte den englischen Palladianismus kennen, der ungebrochen seit Inigo Jones und dem frühen 17. Jahrhundert regierte, und kaufte als Modell und Vorbild für das heimische Handwerk Mobiliar des Thomas Chippendale. Seit 1769 ließ er in der eichenbestandenen Auenlandschaft der Elbe östlich der alten Residenzstadt Dessau Schloß und Park zu Wörlitz anlegen und schuf damit das erste und schönste Gesamtkunstwerk des kontinentaleuropäischen Klassizismus.

Fürst Franz, an dem auch die Historiker des DDR-Sozialismus wenig auszusetzen finden, die »Vater Franz« sogar dem friderizianischen Militärdespotismus leuchtend gegenüberstellen – eine neuere Studie über Dessau-Wörlitz[5] ist Huldigung an den Absolutismus Wörlitzer Form und den Fürsten, der darüber präsidierte –, wurde Landesherr und Landesvater im »wohladministrirten und zugleich äußerlich geschmückten Lande« (Goethe). Neben Friedrich dem Großen und Josef II. wurde Fürst Franz, ungeachtet der Kleinheit seines Landes, eine Schlüsselfigur für Hoffnung und Illusion der Reform von oben in Deutschland. Dessau wurde Ausgangspunkt der »pädagogischen Provinz«, die Goethe imaginär beschrieb, und zugleich Inbegriff der deutschen Gewißheit, daß nicht die Revolution der Weg in die Zukunft sei, sondern die bessernde Einwirkung der fürstlichen Verwaltung, ohne Gewalt und ohne Bruch der Tradition. Wenn die Revolution ästhetisch und intellektuell aus den Spannungen des klassizistischen Denkens sich nährte, so galt dies noch mehr für den aufgeklärten Absolutismus und die Idee der bessernden Reform von oben.

An diesem 35 000-Seelen-Gartenreich, »ideologieträchtige Schöpfung der Aufklärung« (Hirsch), gab es viel zu rühmen. Am stärksten war der Erziehungsoptimismus, der die Renaissanceidee des »Fürstenspiegels« weiterführte und volkstümlich verbreiterte und der erwartete, ein wohlgebildeter und menschenfreundlicher Fürst werde das Glück seines Landes sein. Johann Bernhard Basedow schrieb in seiner biederen »Philosophie für alle Stände« (1758) ungefähr dieses. 1771 folgte sein »Agathokrator oder von der Erziehung künftiger Regenten«, der ihm die Berufung in das kleine Fürstentum eintrug. Dort übte er seine Feder an Regierungserlassen, die mitunter den Charakter philosophischer Abhandlungen über den Zweck der Staaten, die Pflichten der Herrscher und das Glück der Untertanen annahmen – ganz so, wie es damals in Deutschland überall Brauch wurde.

Der Geist des Weltbürgertums sollte auf solche Weise gebildet werden. Der Weltreisende Georg Forster sprach nüchterner davon, es könne immerhin eine »bessere Nachkommenschaft« erwartet werden. Aufklärung und Empfindsamkeit waren verschwistert, und beides traf sich im Begriff der »Glückseligkeit«: Die Staaten fanden in der Herstellung von deren Bedingungen ihren Zweck, die Bürger im Streben danach ihre Erfüllung. In Dessau-Wörlitz hatte alles dieser Idee zu dienen, die ein wenig vom Glanz des Paradieses den Sterblichen verhieß, und zwar hier und jetzt. Goethe stellte die Dessauer Pilgerfahrt nach Arkadien der »Pracht der königlichen Städte [Berlin und Potsdam], dem Lärm der Welt und der Kriegsrüstung« lobend gegenüber. Anhalt-Dessaus »andern vorleuchtender« Fürst wurde mehr und mehr zum Vorbild – wobei man hinzufügen muß, daß nach der Dessauer Überlieferung der Fürst den Geheimrat ob dessen steifleinener Korrektheit offenbar weniger schätzte, als dies in umgekehrter Richtung der Fall war.

Finanziert wurde das Dessauer Arkadien durch die Einkünfte aus dem Latifundienbesitz des Fürsten im östlichen Preußen sowie durch eine nach den Maßgaben der damaligen Experimentalökonomen rationalisierte, auf Export elbeabwärts gerichtete Landwirtschaft, durch Holzwirtschaft und Obstbau. Dazu kam, daß es einen landsässigen Adel nicht mehr gab, seitdem der »Alte Dessauer«, Friedrich Wilhelms I. unerbittlicher Feldherr, das Adelsland mit Druck und Geld erworben und in fürstliches Domanialland umgewandelt hatte. Es war diese Abwesenheit eines adelig-ständischen Vetos, die dem Enkel jene Modernisierung des Landes erlaubte, die damals von den aufgeklärten Ökonomen ganz Europas mit predigerhafter Dringlichkeit empfohlen wurde. Gesunde Finanzen, niedrige Abgaben und dazu eine in den mageren Jahrzehnten nach dem Siebenjährigen Krieg expansive Bautätigkeit machten das Land Dessau-Anhalt zu einer Insel der Seligen mehr als zu einem typischen Stück Deutschland in der Spätphase des Alten Reiches.

Die Liste der Dessauer Reformen liest sich wie ein Katalog alles dessen, was die Aufklärer in ihren Zeitschriften nicht müde wurden anzumahnen und vorzuschlagen, mit Preisen auszuzeichnen und wortreich zu loben: allgemeine Volkserziehung nicht nur auf dem geduldigen Papier, sondern als praktische Wirklichkeit; Judenemanzipation, am deutlichsten dargestellt durch die 1799 fertiggestellte staatliche Schule und die Synagoge; Bauernbefreiung auf den fürstlichen Domänen, die zwei Generationen zuvor aus Adelsland zusammengefügt worden waren; soziale Sicherheit für die Arbeiter; bürgerliche Kultur, an der auch Fürst und Fürstin teilnahmen. Dazu, als Grundlage des Ganzen, Übernahme britischer Erkenntnisse über moderne Landwirtschaft in Obstbau und Kleewirtschaft, welche die rechtlich und sozialgeschichtlich erstarrte Dreifelderwirtschaft mittelalterlicher Überlieferung schöpferisch überwand und die Ertragskraft des Bodens sprunghaft steigerte; systematische Dendrologie und Reformökonomie, welche dem Holzexport zugute kam. Eine vorbildliche Stadtarchitektur trat hinzu, großenteils vom Fürsten finanziert oder zumindest doch durch Lieferung von Bauholz begünstigt.

Alles dies war auch anderwärts wenigstens in Ansätzen zu sehen. Zur Dessauer Kultur gehörte aber auch eine frühe und ganz originäre Volkssportbewegung. Seit 1776 gab es ein alle Stände verbindendes Nationalfest, das als Erntefest Gestalt annahm. Die Dessauer Winckelmann-Schüler versuchten in dieser Form die Olympischen Spiele wieder zu beleben: zuerst eine Bekränzung der Bräute und die Verteilung von Heiratstalern, dann Pferderennen – was den Absatz der Pferde erheblich förderte – und Preisverleihung; dann Wettlauf der Burschen und Mädchen (!), am Ende Festschmaus und ländliche Musik. Fürst und Fürstin waren bei alledem zugegen, lobend und Preise austeilend; Landesvater und Landesmutter, Bürger und Bürgerin.

Endlich gehörte zu Dessau-Arkadien auch eine kritisch-räsonierende Öffentlichkeit, gestützt auf ein freies Verlagswesen ohne Zensur, das unbequeme Schriftsteller ermutigte. Zu ihnen zählte zum Beispiel Berenhorst, illegitimer Sproß des alten Dessauers, der mit Fürst Franz zusammen die preußischen Fahnen verlassen hatte und seitdem Studien über Strategie veröffentlichte, welche die erstarrte friderizianische Militärtaktik in Begriffen kritisierten, die dem Patriotismus und der »levée en masse« Gneisenaus und Scharnhorsts sehr viel näher standen als der klassischen preußischen Exerzierkunst. Hatte diese Gedankenfreiheit im Schutz des Hofes begonnen, so nahm sie seit 1781 selbständige Gestalt an in der »Buchhandlung der Gelehrten«. Das war ein Unternehmen europäischen Anspruchs, das alles verwirklichen wollte, was Alexander Pope in England, Voltaire in Frankreich und Leibniz, Lessing und Klopstock in Deutschland seit langem angestrebt hatten: Die Gelehrtenrepublik sollte ihren eigenen Verlag haben, Erzeugnisse des Geistes sollten von kaufmännischer Spekulation ebenso befreit sein wie von fürstlichem Gebot, und beides fand sich zu Dessau.

Nach dem pädagogischen Philanthropin wurde Reiches »Allgemeine Buchhandlung der Gelehrten und Künstler« das zweitgrößte der Dessauer Aufklärungsunternehmen. Kaum ein literarischer Name dieser Zeit in Deutschland, der nicht mit dem Dessauer Institut genossenschaftlich oder, wie Goethe bemerkte, »in geschlossenem Bund« vereint war. Der Finanzmodus war so, daß die Autoren die Druckkosten zunächst vorzuschießen hatten, um später durch den Verkauf entschädigt zu werden. Das verhinderte, daß der Markt mit subventioniertem Mittelmaß überschwemmt wurde. Gleichzeitig aber diente die parallel eingerichtete »Verlagskasse« der Förderung junger, noch unbekannter

Autoren. Es ging dabei nicht allein um den Kampf gegen den Verlegergewinn und die Abwehr der unerlaubten Nachdrucke – die den Literaten des 18. Jahrhunderts mehr eine Last war als die Zensur –, sondern vor allem um die Verwirklichung der *res publica litterarum*, einer gelehrten Öffentlichkeit mit der Neigung zum politischen Raisonnement. Fürst Franz war – *avant la lettre* – liberal genug, dies alles nicht nur zuzulassen, sondern durch Grundstücke und Kapitalien, Bauten und hohe Protektion unablässig zu unterstützen.

Allerdings wuchs das Unternehmen dem ersten Verleger Reiche bald über den Kopf. So menschenfreundlich die Sache für die Autoren gedacht war, ihnen mehr als die Hälfte des Erlöses zuzusichern war purer Leichtsinn gewesen. Außerdem bewirkte das Fehlen von Fachlektoraten, daß vieles gedruckt wurde aus keinem anderen Grund, als daß es finanzierbar war. Die Freiheit von Zensur provozierte einen Ton, der rundum Anstoß erregte. Nach vier Jahren zog sich Reiche zurück. Sein Nachfolger wurde der Verleger Joachim Georg Göschen, der das gutgemeinte Unternehmen nun durch Anwendung strengerer Maßstäbe finanziell sanierte, den Gewinn der Autoren radikal beschnitt und daraus die Grundlage seines eigenen Verlagshauses machte. Bald erschien hier die erste Goethesche Gesamtausgabe. Das Haus Göschen bestand bis nach dem Ersten Weltkrieg und wurde dann von de Gruyter übernommen. Alles in allem hat die Dessauer

Gründung in ihren ersten vier Jahren achthundert Bücher und mehr als dreißig Zeitschriften herausgebracht – eine angesichts der technischen Möglichkeiten der Zeit erstaunliche Leistung; sie hat den Autoren auch Maßstäbe freier Meinungsbildung eröffnet und die Chance, ihre literarischen Werke zu Marktpreisen an den Verlag und den Leser zu bringen – im Sinne der Aufklärung gewiß kein geringes Verdienst.

Seit 1782 erschien zu Dessau eine Zeitschrift mit dem Titel »Litteratur und Völkerkunde«. Als Verlagsangabe: »Auf Kosten der Verlagskasse für Gelehrte und Künstler, und zu finden in der Buchhandlung der Gelehrten«. Im dritten Band dieser Zeitschrift fand sich in Form der damals beliebten Schreiben eines Reisenden an seinen Freund eine Darstellung Dessaus, die mit Selbstlob nicht sparte, aber auch viel von der Inszenierung verriet, die dort vonstatten ging: »Kaum konnte ich mich überreden, mitten in Deutschland zu sein. Ja, mein Freund, dieser kleine unbemerkte Erdraum hat so viel Auszeichnendes, daß ich befürchten muß, Sie werden selbst die getreueste Darstellung der Dinge für eine Erdichtung halten.« Das Land gleiche einem Garten; Alleen, Kanäle, Brücken und ansehnliche Wohngebäude der fürstlichen Beamten fügten sich zum Kunstwerk.

»Alles dieses giebt die reizendsten Landschaftsgemälde; hiezu kommen glückliche Einwohner und eine weise Regierung.« Das wichtigste aber sei die hier anzutreffende »Freyheit im Denken und Handeln ... Ich erkühne mich zu behaupten, daß in keinem monarchischen Staat in Europa diese so schätzbare Freyheit in solchem Grade als hie herrscht. Der Fürst ist lange Zeit in England gewesen und hat daselbst die hohen Rechte der Menschheit anschaulich kennenlernen, die er jetzo so großmüthig ausübt.«

Dann wurde das Philanthropin gerühmt, die Erziehungsanstalt, die einem »Lieblingsplan« des Fürsten entspreche. Die Philanthropisten sehe er wie Glieder seiner Familie an. Die Zöglinge würden mit Sanftmut und Liebe behandelt – angesichts der Erziehungsmaßstäbe jener Zeit gewiß keine Selbstverständlichkeit. Aufklärung und Empfindsamkeit verbanden sich. Von einem Abschiedsfest der Schule wurde berichtet: »Alles zerfloß in Thränen; kein Auge blieb trocken.« Körperliche Fähigkeit und charakterliche Stärke ergänzten das wissenschaftliche Programm der Zöglinge aus vielen Ländern. Einziger Mangel bei soviel Perfektion: Man lege zu hohen Wert auf die französische Sprache, und dies »in einem original deutschen Institut«.

Des Rühmens war kein Ende. Es setzte sich fort bei der Erwähnung der Verlagskasse für Gelehrte und Künstler und der Buchhandlung der Gelehrten und ging dabei unübersehbar in hemmungsloses Selbstlob über: »Der steigende Flor beyder Institute entspricht vollkommen den wohlausgesonnenen Entwürfen und der klugen Ausführung.« Wo, wenn nicht zu Dessau, hatte die Aufklärung ihre Heimat gefunden? Wo, wenn nicht hier, war die Freiheit das Werk des Absolutismus? Es war in diesem letzten Jahrzehnt, bevor die Französische Revolution Alteuropa erschütterte, ein deutscher Traum, daß Reform von oben und allgemeine Menschenrechte sich im Namen der Glückseligkeit verbinden könnten – und daß dies in Deutschland geschehen würde, so, wie es zu Dessau schon geschehen war.[6]

Aber nicht die pädagogische Provinz, nicht die Politik der Peripherie und nicht einmal die Liaison von Aufklärung und Absolutismus war Achse dieser Ideenwelt. Sie fand sich im Schloß und Park Wörlitz. »Edle Simplizität und geschmackvolle Anordnung« verbanden sich hier, wie uns der Reisende aus Dessau mitteilt, im ersten englischen Park, der in Deutschland entstand, wie in der palladianischen Villa, die Erdmannsdorff dem Fürsten nach englischem Vorbild schuf. Fürst Franz selbst wurde als Autor der Widmung des Hauses genannt:

»Liebe und Freundschaft haben es erbaut;
Ruhe und Zufriedenheit werden es bewohnen;
dann werden häusliche Freuden nicht fehlen.«

Welten trennten solche Baugesinnung vom barokken Machtanspruch des nahegelegenen Schlosses Oranienbaum, das achtzig Jahre zuvor entstanden war. Welten auch vom Schlüterschen Stadtschloß der Hohenzollern zu Berlin; ja selbst von Knobelsdorffs noblem Sanssouci im Weinberg zu Potsdam.

Und es bezeichnet den historischen Ort der Wörlitzer Architektur, daß sie begann, als in der Potsdamer Parklandschaft das spätbarocke Neue Palais, inspiriert von Vandenbrughs Castle Howard und noch vor dem Siebenjährigen Krieg begonnen, seiner Vollendung entgegenging. Es war eine andere Gedankenwelt als die des barocken Herrschertums. Es war die aufklärerische Gegenwelt, welche in Wörlitz ihren Ausdruck fand.

Im Eingang zur Wasserlandschaft des Parks von Wörlitz befindet sich eine kleine Insel und darauf seit 1782 ein schwärmerisches Ehrenmal für Jean Jacques Rousseau, und zwar, wie der Dessauer Reisebericht von 1783 zu rühmen wußte, »in derselben Form, die das Grab dieses Weisen auf der berühmten Pappelinsel zu Ermenonville hat«. Die Insel war seitdem, schon durch ihre Lage gekennzeichnet, sinnstiftender Bezugspunkt der gesamten Anlagen. Der Kranz von schlanken Pappeln, bis heute vielfach erneuert, umgibt noch immer den Gedenkstein für einen Philosophen, der wie kein anderer das Doppelgesicht der Aufklärungsphilosophie repräsentierte.

Der ganze Park diente durch seine Anlage nicht einfach der Erholung des Fürsten und der Hofgesellschaft, sondern war – er stand von Anfang an jedermann offen – der allgemeinen Erbauung und Belehrung gewidmet. Das verlieh ihm, zumal am Anfang, eine gewisse Angestrengtheit, die – so der Vesuv im Kleinformat, dessen Rückseite die Villa

Hamilton ziert – heute historisch überwachsen und durch Patina bedeckt ist. Damals war sie weniger augenfällig, weil dem Wörlitz-Pilger des späten 18. Jahrhunderts nicht erst Bedeutungen erklärt werden mußten, welche sich dem heutigen Besucher zumeist erst durch langatmige Belehrung erschließen.

Pflanzen und Bauwerke, Teiche und Kanäle bildeten, wie im Vorbild von Stourhead in Wiltshire und wie im Nachbild auf der Kasseler Wilhelmshöhe, eine Einheit.[7] Hier wurde, durch die großen englischen Gärten inspiriert, die Ära von Chambers und Capability Brown und die Schriften Rousseaus, seit 1764 die Natur mit der Kultur in einen steten Dialog gesetzt. Entgegen der Idee des französischen Parks, der Landschaft in herrischer Gebärde die geometrische Disziplin des Staates aufzuzwingen, strebte man hier zur Synthese der gestaltenden Kunst mit der waltenden Natur. Wörlitz, Sinnbild der Aufklärung, hat zur Natur eine dialektische Beziehung: Die Parklandschaft lebt aus dem Kontrast, den sie doch mit allen Mitteln zu überwinden und aufzuheben trachtet. Keine harten Übergänge: Park und Nutzland, Weide und kunstvolle Gehölze gingen ineinander über und tun es noch heute.

Unweit des Schlosses und der benachbarten Kirche ließ Fürst Franz die Synagoge erbauen und nannte sie – vor Lessing – Vesta-Tempel, um der Toleranz den Weg zu weisen. Hinter dem Schloß erwartete eine Art Wunderreise der Aufklärung den

Besucher, dem sich der Park von der Stadtseite nur zögernd erschloß, um so offener aber vom Wasser her darbot – und darbietet. Venustempel und Palmenhaus, Nymphaeum, Floratempel, Luisenklippe – genannt nach der Fürstin Luise, die der Schwedtschen Nebenlinie der brandenburgischen Markgrafen entstammte und von Fürst Franz auf Geheiß Friedrichs des Großen geheiratet worden war, was der Ehe nicht bekam. Labyrinth und italienisches Bauernhaus, das Pantheon und das rote Wallochhaus, Dornenauszieher und Medici-Venus sind da versammelt und evozieren Hellas und Arkadien am Elbufer. Aber auch eine kleine Nachbildung der damals technisch sensationellen Eisenbrücke, welche Fürst Franz und Erdmannsdorff zu Ironbridge in Mittelengland gesehen hatten, durfte nicht fehlen. »Vexierarchitektur« nannte Jean Paul das Ganze und hatte wohl recht damit – und dies sogar, wie die unverbrauchte Anziehungskraft von Wörlitz im anderen deutschen Staat zeigt, in einem politischen Sinne, von dem sich das 19. Jahrhundert nichts hätte träumen lassen.

Park und Schloß zu Wörlitz sind von allem Anfang an, und mit Recht, als Inbegriff der Aufklärung beschrieben worden, und dem rückschauenden Betrachter erscheint die Anlage als Pflanzstätte des deutschen Klassizismus. Englischer Palladio-Stil prägte das Villenschloß, zur Stadtseite korinthischer Portikus, zum Wasser und zum Park hin die elfachsige Fensterfront über abfallendem Rasengrund. Der Grundstein zum Schloß wurde am 5. April 1769 gelegt. Nach vierjähriger Bauzeit wurde es am 22. März 1773 eingeweiht. Der Bauplanung waren Reisen des Fürsten und Erdmannsdorffs nach England vorausgegangen und zu den norditalienischen Bauten Andrea Palladios. Erdmannsdorff hatte zu Winckelmann nach Rom reisen wollen, war aber in Florenz den Reizen einer Schauspielerin erlegen. Später ging er dann nach Paris und wieder nach London, wo damals der von Pompeji inspirierte Adam-Style erste Triumphe feierte und die Formensprache des Rokoko längst als verschrobene Episode abgetan war.

Der Wörlitzer Schloßpark wurde auf diese Weise europäischer in der Anlage und weltläufiger in der Durchführung als jedes andere Bauwerk des deutschen Klassizismus. Vielleicht hat der Umstand, daß Erdmannsdorff nicht akademisch gebildeter Architekt war, sondern als höfischer Dilettant begann, geprägt vom augustäischen Zeitalter Sachsens, ihm jene Frische und Unbefangenheit erst erlaubt, welche den Schloßbau von Wörlitz auszeichnen. Prägende Wirkung auf die Entwicklung des deutschen Klassizismus hatten neben Schloß und Park die Möbel und Sammlungen zu Wörlitz.[8]

Das englische Vorbild war überwältigend stark, bis hin zum Spiel mit der frühen Neugotik, das sich in der Architektur peripherer Gebäude widerspiegelte. Erdmannsdorff brachte aus England auch Möbel mit, die dem Dessauer Hofschreiner Irmer in seiner großen Werkstatt als Vorbild dienten: Die Stühle, die seitdem in der Irmer-Werkstatt zu Hunderten aus Birnholz entstanden, Konzert- und Theatersäle der Dessauer Schlösser füllten, das Wörlitzer Speisezimmer zierten und von denen sich auch Goethe noch eine Anzahl für sein Arbeitszimmer am Frauenplan zu Weimar erbat, gehen auf Chippendale zurück, seit 1754 in London der führende Entwerfer und Hersteller vornehmen Mobiliars in allen möglichen Richtungen: gotisch, chinesisch oder französisch und eben auch englisch. Stühle, Konsoltische, Kommoden und Schränke verraten überall in Wörlitz die englische Inspiration. Sie waren nicht nur von eleganter Schlichtheit im Gegensatz zu Glanz und Allüre französischer Innendekoration. Sie verrieten auch ein ideologisches Programm für Politik und Ökonomie: so zu werden wie die englische Insel, ohne die Enge der Vergangenheit, mit parlamentarischer Freiheit, einer Marktökonomie und einer weltoffenen Kultur.

Am wichtigsten waren indessen die kompromißlos klassizistischen Entwürfe für Stühle und Sitzmöbel, Tische und Kommoden, welche Erdmannsdorff an die damals schon berühmte Roentgen-Manufaktur zu Neuwied gab. So entstanden die ersten rigoros klassizistischen Möbel in Deutschland aus der Zusammenarbeit eines bedeutenden Architekten mit einer Manufaktur, die bis dahin süddeutschen Patriziern und bischöflichen Hofhaltungen das Dekorum ihrer Lebensform geliefert hatte, aber zugleich in den Variationen über französische Themen steckengeblieben war. 1768 hatte David Roentgen (1743–1807) die in Zahlungsschwierigkeiten geratene väterliche Unternehmung durch eine Lotterie in Hamburg saniert: Der Lotterieprospekt beschrieb ein luxuriöses Warenlager im Stil von gestern. Die Dessauer Aufträge machten David Roentgen, den brillanten Unternehmer, mit dem Stil von morgen vertraut. 1771 wurden die ersten Möbel in großen Kisten geliefert und prompt abgerechnet.

Wie ungewohnt, ja revolutionär neu die klassizistische Formensprache im Deutschland jener Zeit war, kann man daran ermessen, daß die Roentgen-Manufaktur noch bis 1775 brauchte, um sich dieses technische und künstlerische Idiom selbständig anzueignen: In jenem Jahr wurden dem Herzog Carl von Lothringen, Statthalter der österreichischen Niederlande und Onkel der Königin Marie Antoinette von Frankreich, in die Residenz zu Brüssel die ersten klassizistischen Sekretäre geliefert. Die Dessauer Verbindung hat für Roentgen auf diese Weise nicht nur die Tür zum Stil der folgenden Jahrzehnte geöffnet, sondern ihm über Brüssel auch den Weg nach Paris geebnet und auch die Verbindung zum preußischen Thronfolger Friedrich Wilhelm II. geknüpft, dessen Geliebte Wilhelmine Enke die Tochter eines Dessauer Hofbeamten war.

In Dessau war es auch, wo Goethe, der mehrfach Roentgen rühmen sollte, mit der Neuwieder Möbelkunst zusammentraf. Erst die Dessauer Verbindung hat Roentgen die Chance gegeben, über den Frankfurter Messeplatz und die benachbarten Residenzen hinaus einen europäischen *modus operandi* zu entwickeln, den deutschen Klassizismus zu prägen und ein Großunternehmer seiner Zeit zu werden, der von Brüssel und Paris bis Petersburg und Stockholm Verbindungen hatte und Absatz fand. Die Spätfolgen der Dessauer Verbindung aber sind auch darin zu sehen, daß der Spätklassizismus, der deutsche höfische Empire-Stil im Norden und im Süden und selbst das bürgerliche Biedermeier noch der Roentgen-Manufaktur ihre Maßstäbe, ihre Proportion und ihre technischen Vorgaben verdankten: in einem Wort, um es in der Sprache von Wörlitz zu sagen, die »edle Simplizität«.[9]

Eine andere Wirkungslinie führte über Erdmannsdorff, tief beeinflußt von den Theorien Winckelmanns über die Nacheiferung der Alten, in die Architektur der Schinkel-Zeit. Erst 1986 hat eine Dessauer Ausstellung den Zeichner Erdmannsdorff gewürdigt: Da zeigte sich, daß der höfische Architekt nicht allein Entwürfe für fürstliche Gebäude zu liefern wußte, sondern auch ein Meister des architektonischen Details war, der Naturskizze, des Portraits, und daß sein Interesse nicht vor Möbelentwürfen und prunkvollem Silber haltmachte.[10]

Wörlitz begründete Erdmannsdorffs Ruhm. Nach dem Tode Friedrichs des Großen, 1786, der sich dem neuen Stil überall entgegengestellt hatte – allein um des Absatzes der königlichen Porzellanmanufaktur zu Berlin willen gestattete er im Porzellan das Spiel mit »antique glatt« und »à l'anglaise« –, wurde Erdmannsdorff von König Friedrich Wilhelm II. zeitweilig nach Berlin und Potsdam gerufen, um das Wohn- und Sterbezimmer des Toten neu zu gestalten – Erdmannsdorff hat Symbolkraft und historische Ironie darin sehr wohl gesehen. Architektur und Formensprache des Klassizismus, welche der kunstsinnige Dilettant Friedrich Wilhelm II. nach Kräften förderte, sollten das lastende Erbe des friderizianischen Regimes überwinden helfen.

Im Berliner Stadtschloß[11] schuf er die »Königskammern«. Sie waren, wie der Maler Friedrich August Tischbein bezeugt – von ihm stammt ein fein gezeichnetes Porträt Erdmannsdorffs –, das modernste, was es damals in Berlin an Architektur gab. Erdmannsdorff wurde damit zum Vorbild der Architekten Karl von Gontard und Gotthard Langhans. Letzterer eignete sich den neuen Stil, als er das Brandenburger Tor baute (1789 fertiggestellt), erfolgreich an, und über Gilly, der 1797 Wörlitz zeichnete, und Gentz wirkte Erdmannsdorff tief hinein ins brandenburgisch-preußische Bauen des 19. Jahrhunderts. Schadow, der häufig nach Dessau kam, zählt zu den bedeutendsten Schülern Erdmannsdorffs.

Wörlitz wurde den Menschen des ausgehenden 18. Jahrhunderts Ziel einer Pilgerschaft. Von Goethe gibt es eine Zeichnung, die den Säulenportikus des Schlosses zeigt. Oft hat er sich dort aufgehalten, die Wörlitzer Konstellation bewundert und sich von den »Anlagen« inspirieren lassen. Erst später wandte er sich gegen die »leeren Hülsen und Bäusche« der sentimentalen Gartenurnen, mit denen man jetzt überall spiele. Seit der Italienreise 1786 wurde ihm die Idee des Landschaftsgartens zunehmend suspekt, weil sie »die herrschende Unart der Zeit« verewige, im Ästhetischen »unbedingt und gesetzlos seyn zu wollen und zu phantasieren« (1799).[12] Das ging deutlich gegen Wörlitz und zeigt, daß noch zu Lebzeiten derer, die Wörlitz gedanklich entworfen und praktisch verwirklicht hatten, die Zeit darüber hinwegging.

Philipp Hackert, neapolitanischer Hofmaler aus Prentzlau in der Mark Brandenburg, und Friedrich August Tischbein aus Cassel wurden zu Wörlitz hoch geschätzt. Der Landschaftsmaler Hackert, weil er jenseits der Geschichte Arkadien malte, Bilder vom irdischen Glück; in Dessau wußte man besonders seine Landschaften nach Gedichten des Horaz zu rühmen. Der Porträtist Friedrich August Tischbein, weil er die Fürsten der Aufklärungsepoche malte, wie sie gesehen werden wollten: ohne Küraß und Hermelin ein Herr oder eine Dame, Säule und Park im Hintergrund als letztes Herrschaftszeichen; die Weimarer Prinzen als Kinder; die Dynastie als trauliche Familie. Von Friedrich August Tischbein stammen die schönsten Frauenporträts des deutschen Klassizismus: Psychologisch fein gezeichnet, ein wenig von oben herab, und doch durchaus von dieser Welt. Er wurde 1797 Hofmaler in Dessau mit einem günstigen Vertrag, der ihm sechs Monate bei voller Bezahlung zum Reisen ließ. Viel davon hat er in der Dresdner Galerie verbracht.[13]

»Häusliche Freuden« verhieß die Inschrift am Säulenportikus von Wörlitz – Freuden, die der Fürst von Dessau-Anhalt doch eher mit seiner Geliebten als mit seiner fürstlichen Gemahlin suchte. War es aber Privatheit, welche Architektur, Malerei und Mobiliar wetteifernd schufen? Oder war es die pädagogische Auflösung der vom Herrschen ermüdeten Macht? War es die Sehnsucht, durch Rousseau die Politik überflüssig zu machen? Das Kunstwerk Wörlitz bleibt die definitiven ideologischen Antworten schuldig, und das gehört zu den bleibenden Wirkungen, die Wörlitz ebenso historisch prägten wie sein Erbe prägend machten.

War die Bedeutung, die Wörlitz für Möbel, Architektur und Gartenkunst des Klassizismus haben sollte, für die Politik der Reform von oben von Anfang an vergebens? War alles, was in Dessau geschah, nichts als leere Geste, auf der Bühne des Kleinstaats inszeniert und doch auf den Logen der großen Politik nur noch beiläufig wahrgenommen? Sie war es, und sie war es nicht. Denn sosehr Wörlitz Ziel der ästhetischen und philosophischen Pilgerfahrt wurde für die Gebildeten des ausgehenden

In Zusammenarbeit mit dem um fünf Jahre älteren Gontard war Erdmannsdorff die treibende Kraft. Geschult an der Klassik wie am englischen Adam-Style und ausgestattet mit der Erfahrung der großen Dessauer Bauten, wurde er nach dem Tode Friedrichs des Großen von dessen Nachfolger nach Berlin berufen. Bei der Betrachtung des dortigen Bauwesens kam es ihm vor, »als wenn's nur immer der Bouillon der Sache wäre, die es hätte werden sollen«. Sicherlich vom König dazu berufen und vom zuständigen Minister v. Heinitz ermutigt,

machte er es sich zur Aufgabe, »zur Verbesserung eines und des anderen Künstlers und Handwerksmannes beizutragen«.
Zu seinen wichtigsten Mitarbeitern in Berlin gehörten Friedrich Gottlieb Schadow (1761–1831) und Friedrich Gilly (1772–1800).

Entwurf Erdmannsdorffs zur inneren Längswand der Großen Säulenhalle der Königskammern, 1787, Feder laviert und aquarelliert.

Die Idee eines Denkmals Friedrichs des Großen beschäftigte für die vier Jahrzehnte zwischen 1790 und 1830 die besten Köpfe der Epoche, von Schadow über Schinkel und Gentz bis zu Rauch, dessen Reiterstandbild dann Unter den Linden verwirklicht wurde. Die klassizistische Verklärung von Preußens Schlachtengott kommt in dem Wettbewerb durch Friedrich

Gilly auf ihren Höhepunkt. Der mit 28 Jahren verstorbene Morgenstern am Himmel des preußischen Klassizismus, von Schinkel verspottet, entwarf mit 24 Jahren eine akropolisartige Tempelanlage, die er vor die Tore der alten Stadt, am Tor nach Potsdam, auf den Leipziger Platz stellen wollte.
Gilly, Aquarell, 1797

18. Jahrhunderts, sowenig konnte der Kleinstaat im Machtschatten Preußens Logik und Grammatik der europäischen Politik verändern.

Der Gartentheoretiker Hirschfeld ließ sich dazu 1775 (»Theorie und Gartenkunst«) vernehmen. Er ahnte, daß die Freiheit versprechenden Symbolformen des englischen Gartens und die Tradition der Macht einander fernbleiben würden: In England zwar habe der »bessere Theil« der Nation »den wahren Geschmack und die höhere Bedeutung der Gartenkunst« verstanden. »Etwas Ähnliches darf man nun eben nicht so leicht in Deutschland erwarten, wo zwischen den Höfen und der Gelehrtenrepublik eine so dicke Wand ist, daß die Großen nicht einmal von weit wichtigeren Anweisungen und Vorschlägen etwas zu hören scheinen... Wo hundert andere und nützliche Verbesserungen angegeben werden können, die bloß in dem Zirkel der Schriftsteller bleiben, da gelobt, erweitert, berichtigt werden, ohne daß die Nation davon den geringsten Einfluß in ihren Verfassungen verspürt.« Gerade wegen ihrer »sittlichen Kraft« auf die Gemüter sollten die Gärten indessen »niemals der Politik gleichgültig seyn«.[14]

Und doch ging von Dessau-Wörlitz mehr aus als nur belesene Theorie. Hier schien es möglich, den deutschen Fürstenstaat durch den Geist der englischen Verfassung zu läutern und zu wandeln. Hier zeigte ein Fürst der Aufklärung, daß die Idee der Glückseligkeit nicht Lippenbekenntnis für Mußestunden war. Hier ließ sich darauf hoffen, daß Reform von oben der Revolution von unten zuvorkommen werde. Wer konnte damals sagen, daß der Königsweg des aufgeklärten Absolutismus ein Jahrhundert später den Deutschen im 19. Jahrhundert zum Sonderweg gegen den Westen geraten würde?

Seitdem Englands parlamentarische Monarchie im Siebenjährigen Krieg über das königliche Frankreich gesiegt hatte – in Indien, in Lower Canada (Quebec) und in Mitteleuropa – sahen die deutschen Kameralisten in englischer Lebensform und Verfassung, englischer Ackerwirtschaft und englischer Technologie den Weg aus der Krise der Gesellschaft. Seit der Jahrhundertmitte bahnte sich in Deutschland eine Englandschwärmerei an, die in der Epoche des aufgeklärten Absolutismus ihren Höhepunkt erreichte und auf die Hoffnung zulief, eine Synthese des deutschen Fürstenstaats mit der englischen Freiheit sei erreichbar. Am Ausgang des 18. Jahrhunderts kannte die Bewunderung für Englands politische und materielle Kultur keine Grenzen; aber eine Generation später schlug sie – für Friedrich List, Friedrich Engels und Karl Marx – in die heftigste Anklage um: List sah in England die ausbeuterische Macht, Friedrich Engels das Elend der Arbeiter, Karl Marx die krisengeschüttelte Zukunft.

Bis zur Mitte des 18. Jahrhunderts war es Frankreich gewesen mit der Modemetropole Paris, dessen materielle Kultur und Luxusindustrie, Kriegskunst und Staatswirtschaft den Deutschen den Maßstab des Richtigen, ja des Absoluten gesetzt hatten. Die deutschen Kameralisten wußten die Staatsweisheit »des großen Colbert« (v. Justi) nicht genug zu rühmen. Die Zahl der politischen und ökonomischen Traktate, die aus dem Französischen übersetzt wurden, überstieg bei weitem die aus dem Englischen. Die Wende lag im dritten Viertel des 18. Jahrhunderts. Seit der großen Hunger- und Gewerbekrise um 1770, welche die Fratze des Bürgerkriegs über Frankreich heraufsteigen ließ, und vollends seit dem Erscheinen von Adam Smiths »Enquiry into the Nature and Causes of the Wealth of Nations« (1776) schauten die Deutschen auf England. Die Universitäten zu Göttingen und Königsberg wurden die Importhäfen alles dessen, was englisch war und damit vorbildlich.

Auch in der materiellen Kultur waren die französische Vorherrschaft und das kraftvolle Erbe des Grand Siècle lange Zeit unumstritten gewesen. Kaum eine deutsche Hofhaltung, die nicht Silber, Möbel, Kutschen und Seidenstoffe in Paris kaufte, neu oder alt, zum eigenen Verbrauch wie als Vorbild für das Hofhandwerk. In den protestantischen Ländern blieb die direkte kulturelle Hegemonie Frankreichs zwar geringer, doch zogen hier – von Berlin über Cassel bis Erlangen – die hugenottischen Handwerker- und Unternehmereliten Erzeugung, Finanzierung und Absatz kapitalintensiver Luxuswaren an sich. Bis in die Jahrhundertmitte war selbst in England »the quiet conquest« durch die Hugenotten stilbildend.

Aber in den Niederlagen des Siebenjährigen Krieges ging nicht nur das Überseereich Frankreichs zum großen Teil verloren, auch das »empire de luxe« verlor seinen Glanz. Es hat eine gewisse historische Ironie, daß in eben jenem Jahrzehnt, da die große Encyclopédie und die noch auf Colberts Plan für die Académie Royale des Sciences zurückgehenden »Descriptions des Arts et Métiers« der französischen Kultur und den Lebensformen der Vergangenheit ein Denkmal setzten, sich Frühindustrialisierung und Manufakturkapitalismus in England durchsetzten. Dies sollte zu einem säkularen Aufstieg werden, der sich seit 1789, als in Frankreich das Kapital zerstört wurde und die Eliten in alle Winde zerstreut, noch einmal beschleunigte, so daß England Werkstatt der Welt und ihr Bankier wurde.

Wer das 1799 zu Weimar erschienene zweibändige »Fabriken und Manufakturen-Adreß-Lexicon von Teutschland« des Johann Christian Gaedicke studiert, findet, wie sich allenthalben das englische Vorbild längst durchgesetzt hatte: gesellschaftliche Mode, wirtschaftliche Methode und technische Handlungsanweisung. Wie im frühen 18. Jahrhundert die Deutschen sich wünschten, sie wären Bewohner Frankreichs, so spielten sie jetzt, sie seien Engländer oder doch im Begriff, es zu werden.

Der Neuformierung der wirtschaftlichen Leitideen durch Adam Smith und der politischen durch

Edmund Burke, der zuerst die amerikanische Revolution verteidigte und dann die französische verdammte – seine »Letters on the French Revolution« schufen seit 1790 Begriff und Bewußtsein der säkularen Krise Frankreichs –, war die materielle Kultur des letzten Jahrhundertdrittels vorausgeeilt. Der »goût anglais«, der in Paris in den letzten vorrevolutionären Jahren gesellschaftliche Mode wurde und den höfischen Klassizismus ins »vivre bourgeoisement« übersetzte, hatte in norddeutschen Handelsstädten von Bremen über Hamburg und Lübeck bis Königsberg und in den Residenzen von Braunschweig und Cassel bis Berlin und Dresden längst triumphalen Einzug gehalten. Aber die Bewunderung für alles, was sich englisch gab, war nur Außenseite eines Prozesses, dessen Innenseite ein tiefer Wandel in Lebensform und Bewußtsein war, verbunden mit der Hoffnung, durch den englischen Weg in die Zukunft Krise und Katastrophe zu vermeiden.

Nirgendwo kam dieser Wandel stärker zum Ausdruck als in Dessau-Wörlitz. Nirgendwo mehr als in dem Gartenstaat an der Elbe verkörperte er die deutsche Hoffnung auf die Verbindung von Staatsvernunft und bürgerlicher Freiheit. Und nirgendwo fand diese Illusion, so vollendet wie in Wörlitz, die Form des klassizistischen Kunstwerks.

Die Suche nach dem Glück

IN DER SUCHE NACH DEM GLÜCK LAG DAS ZWEIDEUTIge Erbe des 18. Jahrhunderts an die kommenden Generationen. Aus Krise und Kritik der alteuropäischen Lebensordnungen entstand, als in der zweiten Hälfte des 18. Jahrhunderts das christliche Weltbild seine Geltung verlor, eine Theorie der Glückseligkeit, die den Menschen hier und jetzt zustand und die nicht nur den Sinn der Staaten, sondern auch die moralische Existenz der Menschen neu definierte. Aus der Konzeption vernünftiger Verwaltungsherrschaft, die von oben die Glückseligkeit der Staaten mit der Glückseligkeit der Untertanen ins rechte Verhältnis setzen würde, entstand der aufgeklärte Absolutismus. Er antizipierte schon gedanklich die tödliche Bedrohung des Ancien Régime.

Die »Sechs Dekrete« des französischen Reformministers Turgot von 1776 waren der radikalste Ausdruck dieses Versuches, die kommende Krise abzuschneiden. Es ging um Revolution. Es ging darum, »den drohenden Bürgerkrieg zu ersticken, einen offenen Ausbruch der Revolution zu verhindern«. Turgots Zukunftskonzeption bestand in dem Entwurf einer cäsaristischen Monarchie, die den liberalen Bürgern einen ihren Forderungen angemessenen Spielraum gewährleisten und sichern sollte. Das Ziel: Frankreich den Durchgang durch die Revolution zu ersparen.[15]

Das Ancien Régime sah sich, bevor es moralisch und intellektuell zerfiel, schon tödlichen Bedrohungen ausgesetzt. Der Siebenjährige Krieg zog eine Schleppe des Elends, der finanziellen Zerrüttung, der sozialen Umwälzung hinter sich her. Kapitalknappheit, Arbeitsmangel und eine große Handelskrise regierten Kontinentaleuropa, und von 1768 bis 1773 herrschte der große Hunger, tyrannischer in seiner Willkür als der härteste Monarch.[16] In dieser Lage kam alles darauf an, im Namen der Vernunft die absolute Monarchie noch einmal zu rechtfertigen als System innerer Friedensstiftung und kraftvoller Modernisierung. Und es galt zugleich schon, lebensrettende Bündnisse zu knüpfen zwischen dem bürgerlichen Geist der Aufklärung und der Notwendigkeit, die alte Ordnung durch sich selbst zu überwinden. Man würde sie noch brauchen, bis erst der neue Zustand ins Leben getreten war: Das war der Konsens vom Paris Turgots bis ins ferne Dessau des Fürsten Franz. Aber konnte solche Umwälzung friedlich abgehen?

Das Denken der Aufklärer ebenso wie das der Verwaltungseliten fand im Ziel der Glückseligkeit Rechtfertigung und Daseinsgrund. Der Monarch sollte allein dem Glück des Staates und der Untertanen dienen, und die Verwaltung, längst allenthalben auf dem Weg zum eigentlichen Inhaber der

Herrschaft, machte ihn glauben, er wolle es auch. Sonderbar, wie seitdem alle fürstlichen Dekrete lange Präambeln enthielten, wo von der Dunkelheit der Vergangenheit gehandelt wurde und vom Licht der Zukunft. Dies geschah zumeist in einer die historischen Staatsgrundlagen scharf geißelnden Sprache: Ludwig XVI. von Frankreich und Joseph II. von Österreich haben viel unterschrieben, was ohne ihre Signatur leicht der Zensur anheimgefallen wäre.

Diese Wendung gegen die Geschichte war Voraussetzung der Revolution von oben und zugleich ihre Gefahr, und es gehört zu den psychologischen Fehlern des europäischen Ancien Régime, daß im Zeichen der Glückseligkeit die Beamtenschaft, die sich selbst zum Träger der Vernunft erklärte, auch zum schärfsten Kritiker der alten Ordnung wurde. Diese war sich selbst längst Ancien Régime, bevor die Revolution die Aburteilung politisch und begrifflich vollzog. Alexis de Tocqueville hat in seinem großen Essay über den alten Staat und die Revolution diesen moralisierenden und die Gemüter in Unruhe versetzenden Ton der Vorrevolution traurig konstatiert.

In tausend Schriften und Schriftchen wurde der Fürst der Aufklärungsepoche in die Pflicht genommen. Aber der Trieb zur Glückseligkeit, *la recherche du bonheur, the pursuit of happiness*, was alle deutschen Aufklärer, französischen Reformer und amerikanischen Revolutionäre wollten: das alles kannte kein Ziel, es kannte nur die Bewegung, und wo sollte sie jemals enden?

Was sollte geschehen, wenn der Monarch sich der Aufgabe entzog, dem Glück seiner Untertanen zu leben? Oder wenn er sich selbst überlebte wie Friedrich der Große, ein philosophischer Despot? Oder wenn er freiheitlich schrieb und tyrannisch handelte wie die große Katharina im fernen Rußland, der doch die Bewunderung der europäischen Intellektuellen gewiß war und teuer dazu? Oder wenn die Verhältnisse nicht mehr im Zügel der Staatskunst zu halten waren, wie es im Frankreich der Minister Calonne und Necker geschah? Was war das Ende, wenn der Brotpreis stieg und der große Bäcker kein Brot mehr buk – wie die Marktfrauen von 1789 es auf ihrem wüsten Zug nach Versailles, um Ludwig XVI. und die königliche Familie zu holen, doch von ihm forderten?

Bis 1789 hat der subversive Gehalt der Glückseligkeitsformel der Umwälzung der Ideen vorgearbeitet, aber noch nicht die Gesellschaft zerbrochen. Es ging allein darum, die unumschränkte Gewalt des Monarchen einzufügen in das System der vernünftigen Staatszwecke. Das Problem lag darin, am Rande des Bürgerkriegs noch die Formel zu finden, welche Garantie des Ordnungsrahmens und freie Entfaltung der gesellschaftlichen Kräfte miteinander verband und damit den großen Modernisierungsschub erlaubte: In Preußen führte dies zu Ansatz und Entwurf des Allgemeinen Landrechts;

in Österreich zu den josephinischen Reformen; in Frankreich zu Turgot und in Dessau zur Idee des geordneten fürstlichen Gartenstaats.

Die verbindende Formel war überall die gleiche: sie fand sich in der Verpflichtung des Monarchen und der Verwaltung auf die Glückseligkeit des Staates, die eins sein mußte mit der Glückseligkeit der Untertanen. In der Suche nach dem Glück, ins Werk gesetzt durch den Verwaltungsstaat, lag das einheitsverbürgende Formprinzip, das die Kluft des Bürgerkriegs noch einmal überbrücken sollte, spät, aber nicht zu spät.

War es ein Zufall, daß die gründlichste Formulierung dieser Theorie am Vorabend der Revolution geschah, und daß deren dramatische Verläufe die Notwendigkeit nach sich zogen, das Glück der Menschen gegen die Tyrannei des Wohlfahrtsausschusses schon in Schutz zu nehmen? Eben dies bezeichnet den preußischen Weg von Suarez, der in den 1780er Jahren noch im Auftrag Friedrichs des Großen das alte Provinzialrecht durch Bezug auf die Aufklärungsthemen zusammenfassen und systematisieren sollte, zu Wilhelm von Humboldts angstvoller Frage (1792), »wie weit darf sich die Sorgfalt des Staates um das Wohl seiner Bürger erstrecken?«

Es geschah nahezu gleichzeitig, daß das Glück als Ziel der Staaten formuliert und der Staat daran gemahnt wurde, die »Grenzen seiner Wirksamkeit« um des Glückes willen eng zu ziehen. Fast gleichzeitig geschah dies; dazwischen lag indessen die Französische Revolution und mit ihr der Ernstfall für Pathos und Illusion der Aufklärung. Seit 1789 war die Grenzlinie scharf markiert zwischen der Hoffnung auf das Glück, wie es die Aufklärer verheißen hatten, und der Einsicht ihrer Erben, daß es nichts dergleichen gab.

Klassizismus sei kein Stil, sondern eine Färbung, schrieb Siegfried Giedion in seinem großen Essay von 1922 über spätbarocken und romantischen Klassizismus. Jene geistig-künstlerische Färbung von Formensprache und Ideenwelt, die erst seit der Mitte des 19. Jahrhunderts den Namen Klassizismus fand, was hatte sie mit den Schubkräften und Verlaufsformen der Revolution zu tun? Sehr viel und sehr wenig zugleich. Sehr wenig, weil geistige Ideen niemals einfach Niederschlag einer materiellen Situation sind. In der Phase von Aufklärung und Klassizismus waren sie schöpferische Versuche von sublimer Art, die realen Bedingungen gesellschaftlicher Existenz mit den inneren Bedürfnissen der Menschen nach Sinn und Richtung in Einklang zu bringen. Sehr wenig auch deshalb, weil jeder Versuch bisher mißlang und wohl mißlingen mußte, die Formensprache des Klassizismus als Pronunciamento einer neuen, um Führung und Macht ringenden Schicht bürgerlicher Aufsteiger zu erklären.

Denn es waren ja gerade die Spitzen der höfischen Gesellschaft, die sich zum Mäzen des neuen Stils machten, mit ihm das Gehäuse ihrer Identität zusammenfügten und sich leidenschaftlich engagierten für seine Durchsetzung. Klassizismus war ein Spiel der Gebildeten, dem man sich nicht entziehen konnte, künstlerischer Umgang mit Ideen, die subversiv waren für das Ancien Régime selbst dann, wenn seine Machteliten von oben die Sache in die Hand nahmen. Neben der Hofgesellschaft aber war es vor allem die kapitalstarke und geschmackssichere Hochfinanz – personifiziert durch Madame de Pompadour, Maîtresse en titre aus einer Dynastie von Steuerpächtern, Förderin der Enzyklopädisten und des »goût grec« – die dem neuen Stil zwischen 1755 und 1770 zum Durchbruch verhalf.

Die Struktur des Kunstmarkts in den europäischen Metropolen trug wesentlich zum schnellen Triumph des neuen Welt- und Lebensgefühls bei. Denn in Paris und London, in Berlin, Wien, Dresden und München, in Augsburg und Neuwied und Lyon lag die Prämie des Erfolges darauf, im schnellen Wechsel der Moden die Führung zu gewinnen und das, was morgen Spielzeug der Eliten sein würde, heute zu erzeugen. Wie ein »Almanach des Négociants« im Paris der Jahrhundertmitte festgehalten hatte: »Geschmack ist ein Wert, den die Kunst ihren Erzeugnissen hinzufügt; aber dieser Wert hat nur so lange Bestand, als die Mode dauert, die ihn erzeugte ... Ohne den Beistand der Mode fallen die teuersten und gesuchtesten Werke in Verachtung und büßen fast ihren gesamten Wert ein.«

In der Entstehungszeit des Klassizismus gingen Mode und Markt eine intimere Verbindung ein als je zuvor: »Die Manufakturisten, die Künstler sind fast alle Meister darin, die Mode von Zeit zu Zeit zu ändern. Die Seidenfabrikanten von Lyon und Tours verändern alle Jahre durch neue Muster das Aussehen ihrer Stoffe; die Kaufleute, die mit Spitzen handeln, vor allem die in Brüssel, ahmen sie nach. Die Juweliere von Paris ändern ohne Unterlaß die Fassung der Diamanten, die Dosen und Tabatieren, Ketten und Uhrgehäuse etc. Bei den Arbeiten in der Marketerie führen die Ebenisten und bei den Kutschen die Wagenmacher in gleicher Weise von Zeit zu Zeit neue Moden ein; dies aber ist es, was den Handel mit Kunstwerken am stärksten bewegt; dies auch ist es, was jener Nation, die das Reich des Geschmacks und der Mode beherrscht, einen Gewerbezweig sichert, der sehr reich ist und sehr ausgedehnt.«

Die Rolle der klassisch gebildeten Architekten wie Adam in England oder Erdmannsdorff in Norddeutschland, der reisenden Mylords und Geschmacksrichter wie des Marquis de Marigny, Bruder der Pompadour und danach Direktor der königlichen Bauten in Paris, war diktatorische Macht über das Dekorum des Lebens, und zwischen ihnen und dem biederen Handwerker standen die Luxuskaufleute und Unternehmer. Das Zusammenspiel dieser Rollen erst bewirkte stilistische Innovation und technische Überholung alles Alten, Ausweitung des Marktes und Vermehrung des gesellschaftlichen Ansehens: das waren die Kräfte, die einander beflügelten. Die Handwerker selbst hatten dabei wohl den geringsten Teil. Denn ihr Instinkt riet ihnen, es so zu halten, wie sie es immer gehalten hatten. Um zu überleben jedoch mußten sie sich des neuen Stils bemächtigen. Keinem aber, ob hoch oder niedrig, wäre es in den Sinn gekommen, jene subversive Botschaft zu verbreiten, die sich in der Vergötzung von Linie, Kreis und rechtem Winkel verbarg und von Vernunft und Natur, von Gleichheit und Freiheit flüsterte.

Und dennoch hatten Klassizismus, Revolution von oben und die Ahnung des Bürgerkriegs viel miteinander zu tun. Hinter aller Gier und allem Schrecken und über alle Stufen und Brüche hinweg wurden die Umbrüche seit 1789 von einer großen sozialmoralischen Schubkraft bewegt. Es ging um das ganz Neue im Gewande des ganz Alten oder – mit Sir Isaiah Berlin zu reden – »um Schaffung oder Wiederherstellung einer statischen und harmonischen Gesellschaft, gegründet auf ewige Prinzipien, ein Traum klassischer Vollendung, oder wenigstens doch die nächste auf Erden mögliche Annäherung. Der Grundgedanke der Revolution zielt ab auf einen friedlichen Universalismus und rationale Mitmenschlichkeit.«[17] Das war die Utopie der »lumières« gewesen, die das Ancien Régime zersetzte und doch am Bild der Revolution von oben orientiert blieb. Lange vor den Massenunruhen der

1770er Jahre und der großen Angst, die seit 1787 die unbehausten hungrigen Massen in die Hauptstadt trieb und am 14. Juli 1789 – die amtliche Brotpreisnotierung erreichte damals den höchsten Stand seit dem Mittelalter – in blutigen Aufstand, fand die Ideenwelt des Klassizismus ihren Ausdruck in Zielsetzung, Mode und Methode der Aufklärung. Ihre Bilder und Zeichen wurden dekoratives Ambiente des Klassizismus.

Den »wahren Stil«, wie die Zeitgenossen mit Unduldsamkeit das Programm von Symmetrie und rechtem Winkel nannten, allein auf die Übersättigung der Eliten an der erotischen Kunst der Rocaille zurückzuführen, auf die Rückkehr zum klassischen Grundakkord oder auf den Materialismus von Luxuskaufleuten, absatzhungrigen Manufakturunternehmern und Architekten, hieße wohl Ursache und Wirkung verwechseln. Das emanzipatorische Pathos, mit dem seit der Jahrhundertwende die Stilwende gefordert wurde, entsprang der Suche nach einem neuen Bild der Welt und des Menschen. Die der Natur abgeschauten Formengesetze besaßen Symbolkraft für die Ordnung der künftigen Gesellschaft und der Politik. Die neoklassische Formensprache, die sich zuerst in England und dann in Frankreich durchsetzte und von Dessau, Cassel und Dresden aus auch ins weitere Deutschland, wurde Metapher einer verlorenen und wiederzugewinnenden richtigen Lebensform.

War es vorhersehbar, daß die menschheitsbeglükkende Utopie, dem Hunger und dem Krieg überlassen, in Terror und Machtrausch umschlagen würde? In der Unduldsamkeit der Stilwende, in ihren ästhetischen Spannungen und ihrem zerstörerischen Absolutheitsanspruch kündigte sich schon früh das Marsfeld an. Die zur Macht drängenden Ideen sind nicht auf Kompromisse gerichtet, sondern auf absolute Herrschaft. Die Variationen des Klassizismus wurden auf diese Weise, wie sie vor 1789 Vernunftdiktatur und Empfindsamkeit umfaßten, danach für die Selbstdarstellung des Wohlfahrtsausschusses, der Napoleonischen Militärdiktatur und selbst des preußischen Spätabsolutismus verfügbar.

Es hat etwas Unheimliches für den Betrachter, wenn er das Liktorenbündel der Revolution und des Faschismus in fein ziselierten und vergoldeten Bronzen auf Kommoden und Betten der Hofgesellschaft der letzten Jahre des Ancien Régime findet. Die Revolution der Gesellschaft hatte sich vorbereitet in der Revolution ihrer Lebensform. 1792 bemerkte Condorcet, »die verbreitete Kenntnis der antiken Ideen, die wir in unserer Jugend kennenlernten, zählt vielleicht zu den Hauptursachen der fast allgemeinen Neigung, unsere neuerworbenen politischen Tugenden auf Überzeugungen zu gründen, deren Wurzeln in unserer Kindheit liegen«.[18] Mehr als dreißig Jahre zuvor hatte d'Alembert die Transformation der gesamten Vorstellungswelt schon bemerkt, als er – nicht ohne tiefe Skepsis – schrieb, es sei dies »ein Wandel von so großer Gewalt, daß er eine größere Transformation in der Zukunft anzukündigen scheint. Erst die Zukunft wird entscheiden über Ziel, Natur und Grenzen dieser Revolution, deren Kosten und Nachteile die Nachwelt wohl genauer einschätzen wird, als wir es können.«

D'Alembert sprach hier von der Philosophie der Aufklärung. Aber seine Worte galten nicht minder für den Wandel der Gedanken über Architektur und Landschaft und für die ästhetischen Maßstäbe des Silbers, des Porzellans, der Seidenstoffe und der Möbel. 1762 hielt der Architekt Toussain-Noel-Loyer vor der Akademie der Schönen Künste zu Lyon eine Rede, in der er die neue Architekturtheorie anwandte auf den Bau eines Stadtpalastes.

Er sprach »de la manière de décorer les appartements«. Aber was er sagte, klang wie ein Kolleg über politische Philosophie: »Der gute Geschmack ist stets in Übereinstimmung mit der Vernunft, und auf diesem obersten Prinzip bauen alle wahren Regeln auf. Alles, was sich unseren Blicken als angenehm darbietet, muß ein Ganzes bilden.«

Toussain-Noel-Loyer rühmte das Erbe der schönen Jahrhunderte Griechenlands und Roms und wiederholte, was seit einem Jahrzehnt gepredigt wurde: Jetzt werde man Zeuge der Wiedergeburt klassischer Prinzipien und klassischer Kunst. Das alles diene dem Wahren und Schönen und stehe in enger Beziehung zu den Bedürfnissen der Menschen und zu dem, was gesellschaftlich passend sei.

Nichts anderes habe man zu tun, als den Alten zu folgen, und man könne auch nichts Besseres tun. Die Architektur gebe dabei Führung. Er schloß: »Ich habe jene Regeln und Formen befolgt, welche die wahren sind, und mir nur Freiheiten gestattet, wo dies unvermeidlich war, und in solchen Fällen brauchen Freiheit und die Regeln einander nicht zu widersprechen. Alle willkürlichen Formen habe ich verbannt, da sie oft Irrtümer der Einbildungskraft und geringe Kenntnis verraten. Schließlich habe ich alle gekünstelten Formen vermieden, die allein dazu dienen, die Augen der Kenner und der Leute von Geschmack zu ermüden.«[19]

Am Anfang hatten die Ausgrabungen von Herculaneum und Pompeji gestanden. Die Geschichte des Klassizismus begann mit de Geays zeichnerischen Reiseerinnerungen 1754, setzte sich fort in der Klage des Abbé Le Blanc über die Verderbtheit der Modernen und die Tugend der Alten und nahm bald in der Bittschrift, welche der Zeichner und Stecher Cochin im »Mercure« veröffentlichte, die Form der Satire an. Die Rocaille wurde sogleich als »mauvais goût« denunziert, überlebte aber neben dem Streben nach logischer Einfachheit noch ein knappes Jahrzehnt auf den Marktplätzen des schönen Lebens. Der »style transition« bildete eine Synthese zwischen dem neuen Rigorismus, dessen Bannerträger die Spitzen der Hofgesellschaft und die Steuerpächter waren, und denen, die beim Alten und Gewohnten bleiben wollten.

1757 stellte der reiche Hofmann und Sammler Lalive de Jully in Paris sein doktrinär-klassizistisches Mobiliar der öffentlichen Bewunderung vor. Sechs Jahre später sprach Baron Grimm mittels seiner »Correspondance Littéraire« für die europäischen Höfe das *post mortem* auf den Stil der Vergangenheit aus: »Seit mehreren Jahren hat man wieder auf die antiken Ornamente und die antiken Formen zurückgegriffen. Der Geschmack hat dadurch bedeutend gewonnen, und die Mode ist so allgemein geworden, daß man heutzutage alles à la grecque macht. Die Innen- und Außendekoration der Bauten, die Möbel, die Stoffe, die Bijoux aller Art, alles, alles ist in Paris griechisch... Die Galanteriewaren, die man heute in Paris fertigt, zeigen sehr guten Geschmack; ihre Formen sind schön, vornehm und angenehm, während sie vorher, vor zehn oder zwölf Jahren, willkürlich, verdreht und absurd waren.«

Zur selben Zeit begriffen auch die englischen Oberschichten, daß die Rocaille eine Eskapade gewesen war, und setzten dem französischen Stil die Neugotik als Programmstil der Tories entgegen, den »chinese taste« als eine der vielen Wiederbelebungen der China-Mode, und endlich den Klassizismus, der in England vor allem von dem genialen Zeichner, Architekten und Bauspekulanten Robert Adam verbreitet wurde und der deshalb mit Recht bis heute Adam-Style heißt oder auch – im Blick auf den palladianischen Klassizismus des 17. Jahrhunderts – »neo-classicism«. In Deutschland kam der klassizistische Siegeszug spät, mehr von London als von Paris inspiriert. In Wörlitz fand er schon einen reifen Ausdruck. Fünf Jahre später hat er die Muschel des Rokoko vollends ausgetrocknet und beiseitegeschoben.

Der Wandel war seitdem auf allen Ebenen vollzogen, die schöpferische Vielfalt der frühen Jahre im Zopfstil diszipliniert und zugleich durch die Empfindsamkeit romantisch entgrenzt. Klassizismus war in ganz Europa als Abzeichen gesellschaftlichen Ranges und erlesenen Geschmacks etabliert, die Rocaille überlebte nur in Bauernkirchen und Volkskunst. Aber die klassizistische Formensprache blieb, wie sie von Anfang an angelegt war, ganz und gar doppeldeutig. Sie diente noch immer dem »mondänen Ballett« der Hofgesellschaft (Furet/ Richet) und der Inszenierung des Staates, wurde

Nachfolgende Doppelseite:
Der Bauer nicht als Tölpel, sondern als Inbegriff des einfachen Lebens, ohne Künstelei und Entfremdung, der Mensch bei sich selbst: Philipp Hackert, 1737 in Prenzlau geboren, war Maler am Hof von Neapel und erfreute sich höfischer Aufträge aus ganz Europa. Goethe, der von Hackert das Zeichnen lernen wollte, schrieb später seine Biographie. Was sich dem Betrachter öffnet als Landschaftsprospekt auf eine bäuerliche Idylle, ist Variation über ein Thema von Rousseau: die Wahrheit von Natur und Vernunft.
Die Zeichnung ist signiert: »a Fluehlen Sur le Lac de Lucerne. Ph. Hackert f. 1778«.

Mutter und Kind? Maria und Jesus? Venus und Amor? Weib und Mann? Natur und Kultur? Klassizistische Variationen über ein klassisches Thema. Die Mutter, die den durch Dornen an der Hand verletzten Sohn tröstet, ist einem in der Dresdner Galerie seit August dem Starken enthaltenen Bild der Anbetung der Hirten entnommen, das lange Zeit Caravaggio zugeschrieben wurde, heute indes Baroccio.

Das hier wiedergegebene Bild ist nicht signiert. Es wurde wahrscheinlich zwischen 1797 und 1802 von dem Portraitisten Friedrich August Tischbein gemalt, der in dieser Zeit in Dresden ein Atelier unterhielt und in Dessau Hofmaler wurde.

aber zugleich schon Ausdruck einer philosophisch-politischen Gegenwelt der Gedanken.

Die der Herrschaft müde gewordenen Machteliten des Absolutismus fanden sich fasziniert vom herbstlichen Glanz Alteuropas wie auch vom intellektuellen Anspruch der Vernunftdiktatur und meinten, es könne beides auf Dauer miteinander leben. Aber die Wiederentdeckung der Natur und die Verklärung der republikanischen Tugenden unterhöhlten eine Lebensordnung, deren Begründung ausschließlich in ihrer Geschichte lag. Aus solchen Spannungen schöpften die angewandten Künste noch einmal höchste Intensität des Ausdrucks und Vollendung der Form. Aber dies konnte nicht dauern. Denn die schreiende Ungerechtigkeit der Alten Ordnung hatte zu den Bedingungen gezählt, unter denen die angewandte Kunst ihre letzte Überfeinerung erfuhr.

Die Geburt der Häßlichkeit

DIE ERSTE BESCHREIBUNG DER FRANZÖSISCHEN REvolution geschah unbeabsichtigt. Arthur Young Esq., ein Agrarreformer von europäischem Rang und Ansehen, bereiste 1788/89 Nordfrankreich mit dem Ziel, sich Landgüter anzuschauen und für wohlhabende Freunde in England zu erwerben. Was er stattdessen fand, war dumpfe Erregung in den Städten, Aufruhr des Landes und die königliche Ordnung im Zerfall. In Straßburg wurde Young Zeuge, wie das Rathaus geplündert wurde:

»Da das Volk merkte, daß die Truppen es nur mit Worten und Drohungen angriffen, so ward es immer heftiger... Der Pöbel stürzte, unter einem allgemeinen Siegesgeschrei der Zuschauer, wie ein Strom in das Haus. In demselben Augenblick flogen Scheiben, Rahmen und Fensterläden, Stühle, Tische, Sofas, Bücher, Papiere, Gemälde usw. unaufhörlich aus allen Fenstern im Hause, das 70 bis 80 Fuß breit ist. Bald nachher folgten Dachsteine, Bretter, Gitter, Verzierungen, kurz Alles was man losbrechen konnte.«[20]

Daß die Soldaten unter der Bourbonenlilie den Mob gewähren ließen, bestärkte des Briten Überzeugung, daß der Staat Colberts und Ludwig XIV. in der Agonie lag. Was in Straßburg geschah, gehörte zum gewaltsamen zweiten Akt der Revolution: Das »defournisser«, wie der neue Ausdruck hieß, machte Tabula rasa dort, wo über viele Jahrhunderte die Macht sich inszeniert hatte durch die Kunst, und verwandelte in Plunder, was einmal Herrschaftszeichen gewesen war.

1789 verzichteten in Paris Adel und Klerus angstvoll auf ihre Privilegien. Die alten Handwerkskorporationen – und mit ihnen die Gesellenbruderschaften – wurden 1791 durch die »Loi le Chapelier« auf immer aufgelöst. Der Kult des »Être Suprême«, des Höchsten Wesens, erhob die Vernunft zur neuen Gottheit. Die Glückseligkeit wurde dem Comité du Salut Public anvertraut, welches sie durch die »Sichel der Gleichheit« – Euphemismus für die Guillotine – verwaltete. Der Flucht des Kapitals und der Machteliten folgte der Schrecken, dem Hunger der Krieg.

Das Abräumen der Bühne, wie Young es in Straßburg beobachtete und wie es zur selben Zeit in vielen Schlössern des ländlichen Frankreich geschah, hatte System. Am 10. Juni 1793, der König war längst enthauptet, erließ der Konvent ein Dekret »den Verkauf des Garde Meuble Nationale und der früheren Zivilliste betreffend«. Es ging um Ökonomie, noch mehr um Politik. Um Ökonomie, weil »für die Verteidigung der Freiheit und die Vermehrung des Nationalwohlstandes die reichen Möbel der letzten Tyrannen Frankreichs« zur Auktion bestimmt wurden. Um Politik, weil die Szene der Monarchie abgeräumt wurde und unter den Hammer geriet. Das Ergebnis war die längste Serie von Auktionen, die es je in der Geschichte gab, darin eingeschlossen die Berliner Verkäufe der Sowjetregierung in den zwanziger Jahren dieses Jahrhunderts.

Damals wurden die besten Möbel, Bronzen und Silbergegenstände anfangs ausgesondert für das künftige Nationalmuseum – später wurden sie vom Directoire dann doch für Kriegsmaterial getauscht. Die Kommission, die über die Auswahl zu entscheiden hatte, bestand zu einem großen Teil aus eben jenen Handwerker-Unternehmern, die sich noch gut erinnerten, wie sie und ihre Väter alles dies einst geliefert hatten. Niemals wieder, bemerkten sie traurig und hellsichtig bei der Aufstellung der Inventare, werde Kunst sich mit Technik zu gleicher Vollendung verbinden.

Seit dem Ende des Amerikanischen Krieges 1783 hatte der Markt des Luxus sich nicht mehr erholt. Seit 1784 hatte die Krone durch ihre späte Sparsamkeit Zehntausende von Handwerkern in Paris in Nahrungslosigkeit gestürzt. Deren zerstörerische Wirkung wurde dadurch vergrößert, daß die Verwaltung, wie der Minister Necker in seinem Finanzbericht später sagte, Schulden grundsätzlich erst nach vielen Jahren und nur dann bezahlte, wenn es keinen anderen Ausweg gab. Frankreich war dem Staatsbankrott verzweifelt nahe.

Seit 1787 jagten sich die üblen Nachrichten, schlechte Ernten, steigende Preise, knappes Geld und Arbeitsmangel. Eine große Krise »du type ancien« (Ernest Labrousse) war im Anzug. Ihre Stoßwelle verband sich mit der steigenden Flut des Bevölkerungswachstums, den enttäuschten Hoffnungen auf Fortschritt, der großen Angst der Landbevölkerung und der Illusion der Bourgeoisie, der Sturmwind werde ihre Segel füllen.

Parallel zu dieser Krise der Gesellschaft geriet der Markt des höfischen Luxus in ganz Europa in Schwierigkeiten. Die Seidenkaufleute von Lyon bestürmten den Hof, doch um der Seidenweber und ihrer Nahrung willen von der Mode der einfarbigen Kleider wieder abzugehen und wieder mehr im großen Stil der alten Zeit zu leben. In Paris war der Markt seit den ersten Gewalttaten des Frühjahrs 1789 tot, rundum drückten die von den Emigranten der ersten Stunde anfangs noch mitgeführten Luxusgüter vollends die Preise. Die großen deutschen Porzellanmanufakturen veranstalteten Lotterien, um überhaupt zahlungsfähig zu bleiben; die kleinen hörten einfach auf. In den Londoner Auktionshäusern wurde groß gekauft und klein bezahlt. Der Prince of Wales, später Georg IV., ruinierte dennoch seine Finanzen, begründete aber durch seine Käufe den Reichtum der Royal Collections in der Kunst des Dixhuitième. Der dritte Marquess of Hartford kaufte den Grundstock jener Sammlung, die heute die Wallace Collection London bildet: glanzvolle Zitate einer dem Untergang geweihten Welt. Und der Sammler Beckford, besessen wie kein zweiter, riskierte Leib und Leben, um in Paris Schätze zu kaufen, die jetzt zu Tand geworden waren.

Der Verfall des Kunstmarkts hatte schon mit der edlen Simplizität des Klassizismus begonnen und war von der Neigung zu bürgerlicher Lebensweise vorangetrieben worden. Die Fürsten wollten nicht mehr Fürsten sein. Sie zogen sich zurück in immer entferntere und privatere Gemächer, und die Repräsentation verlor ihren Bezugspunkt. Seit dem Jahr 1789 war, wie der Fürst von Talleyrand später traurig bemerkte, die Süße des Lebens auf immer vorbei. In Deutschland kein anderes Bild. Der einzige unter den deutschen Potentaten, der noch im großen Stil ein silbernes Tafelservice bestellte, war der Casseler Landgraf Wilhelm IX., dessen Vater aus dem Einsatz seiner Soldaten gegen die amerikanischen Rebellen ganze Fässer gemünzten Silbers aus England erhalten hatte. Im übrigen las man, was in Frankreich geschah, als Flammenschrift an der Wand: »Gezählt, gewogen, geteilt.« Niemand kaufte mehr, und bald produzierte auch niemand mehr.

David Roentgen hatte schon 1786 seine Pariser Niederlassung aufgelöst, 1791 folgte das Ende der russischen Verkäufe, während die Neuwieder Manufaktur längst stagnierte und im Herbst des Jahres 1792, als die französischen Revolutionsarmeen ins Rheinland vorstießen, vollends aufhörte. Die folgenden Jahre verbrachte Roentgen fernab von Neuwied auf Reisen, um kurze Schulden seiner fürstlichen Kunden in lange zu verwandeln und den Rest seiner schönen Möbel zu verkaufen. Wie Denkmäler einer versunkenen Epoche wirkten sie. Jahrelang wurde überhaupt nichts verkauft, während Roentgen für die Soldaten und die vor ihnen Geflüchteten zu zahlen hatte.

Erst der Friede von Basel 1795, der Preußens Einflußzone zwischen den kriegführenden Mächten neutralisierte und Mitteldeutschland noch zehn Jahre eines fetten Friedens schenkte, öffnete wieder die Straßen, die Märkte und die Messen. »Sehr schwermüthig und melancholisch« sei er, schrieb Roentgen 1796 angesichts einer Situation, wo das welthistorische Drama sich mit seinem persönlichen Ruin zu verbinden drohte.

Vom Stuttgarter Hof hatte er wenig Gutes zu melden: »Mein hiesiges Geschefte gehet sehr langsam von statten ... man muß hier so wie an allen Höfen alles mit Gedult ablauern und abwarten.« Am Ende blieb nur, über den Preis zu feilschen – was der herrnhutischen Wirtschaftsethik Roentgens stracks zuwiderlief – und die wenigen Möbel und Uhren, die überhaupt noch zu verkaufen waren, »mit einer sakrifize abzulaszen«. Dies geschah noch dazu zu Zahlungsbedingungen auf Raten, welche im vergangenen Jahrzehnt unter der Würde von Roentgen wie unter der seiner höfischen Kunden gewesen wären. Roentgen: »Musz man bey gegenwärtiger Zeit noch Gott dancken, wen man nur etwas für solche Sache bekomen kan«.

Über Gotha, Weimar, Cassel und Dessau ging die

lange Reise des traurigen Unternehmers, die sechs Jahre dauern sollte, und überall das gleiche Bild der Depression. In Coburg konnte er verkaufen, und so auch in Weimar, aber nur auf langen Kredit zu fünf Prozent Zinsen. Im November 1797 erweckte ihm Dessau freundliche Erinnerung. Hier hatte er nach den Entwürfen Erdmannsdorffs die klassizistische Formensprache gelernt, die der Neuwieder Manufaktur den großen Aufstieg sicherte, und hier wartete er nun, sechsundzwanzig Jahre später, auf die Wiederholung des Wunders. Er stehe, berichtete er nach Hause, mit dem Fürsten Franz »in einem Considerablen handel wegen meines gantzen Voraths von meinen waaren«.

Im nahen Leipzig kümmerte Roentgen sich unterdessen um seine Bank- und Wechselgeschäfte, und endlich, nach geringen Verkäufen, ging es mit Fracht und Reisewagen nach Weimar weiter. Dort verkaufte er, wiederum mit starken Abschlägen, an den Herzog Carl August für 10 000 Taler. Die Leipziger Herbstmesse 1798 erwies sich für jedermann, und so auch für Roentgen, als die schlechteste seit Menschengedenken. Die Bilanz war unzweideutig: In zwei Jahren hatte Roentgen alles in allem für 24 000 Taler Möbel verkauft. Von 1781 bis 1790 dagegen hatte der Umsatz der Neuwieder »fabrique« im Reich und weit darüber hinaus rund zwei Millionen Taler betragen. Roentgen klagte, und mit Recht, über »den geringen und schlechten und langsamen verkauf meiner Waaren«.

Die Ursachen lagen nicht nur in Krieg und Krise. Am meisten lagen sie darin, daß die Zeit fürstlicher Repräsentation vorbei war. Die Revolution der Gesellschaft hatte sich vorbereitet in der Revolution ihrer Lebensform. Roentgen schrieb, was viele dachten: »Ich habe jetzt eine ganz andere denckweise.«

Roentgens trister Reisebericht zeigt, wie das Ancien Régime Alteuropas in Scherben lag, und mit ihm der Markt des höfischen Luxus und der Kunst. Die lange Depression der 1780er Jahre erwies sich jetzt als bloßes Vorspiel von Untergängen. Die Ahnung solcher Zusammenbrüche, unerbittliche Kritik und spielerisches Todesverlangen hatten schon die letzten Jahre der alten Ordnung überschattet.

Fasziniert von republikanischer Tugend und der Allmacht der Vernunft hatte die Machtelite der französischen Monarchie von Gottes Gnaden Davids Bild »Der Schwur der Horatier« bejubelt. Hatte sie nicht begriffen, daß dieser Entwurf der Zukunft ihr Todesurteil bedeutete? »Edle Simplizität«, die Predigt von Wörlitz, hatte in den Formen der materiellen Kultur schon die Botschaft enthalten, es werde nichts so bleiben, wie es gewesen war.

»Goût anglais« und Flucht in die Privatheit setzten, als das Ancien Régime zur Neige ging, einen neuen Lebensmaßstab. Literatur, politische Philosophie und angewandte Kunst hatten Selbstzweifel der Machteliten schon zu einer Zeit verraten, als die Monarchie von Gottes Gnaden noch in der Fülle lebte.

Es endete die lange Epoche der verpflichtenden Symbole, der repräsentativen Lebensformen und eines Denkens, das mehr in Gestalten und Bildern sich vollzog als in Begriffen. Was aber bedeutete der Wandel, und wie vollzog er sich? Angesichts der Banalisierung und Vulgarisierung der Produktion wie des Konsums sei man versucht, bemerkte unlängst Wolf Jobst Siedler in einer Betrachtung über den Wilhelminismus, die Geschichte der letzten zwei Jahrhunderte unter dem Gesichtspunkt eines langen Abschieds von Alteuropa zu sehen. Der Abschied begann, als Gott und seine Heiligen stürzten. Die Könige und die ihnen geweihte Kunst aber mußten nach.

Die Geburt der Häßlichkeit vollzog sich im Umbruch der Technik, im Funktionswandel der Kunst und im Zerfall der alten gesellschaftlichen Produktionsbedingungen. Zuerst die Technik. Die Betrachtung mag beginnen in jenem Bereich, der unmittelbar der Darstellung von Land und Herrschaft diente: die fragile Welt der höfischen Möbel, der Seiden, des Silbers, der Bronzen und des Porzellans. Noch bis in die 1840er Jahre wird von technisch-industriellem Umbruch in diesen Bereichen nicht ernsthaft zu sprechen sein. Alle Werkzeuge, die der Handwerker am burgundischen Hof um 1400 noch geführt hatte, standen auch vierhundert Jahre später noch zur Verfügung, nur ausgereift, verfeinert und spezialisiert. St. Josef, der Zimmermann, hätte aus einem gotischen Tafelbild heraustreten können in jene Welt, die die Kupfer der Encyclopédie um 1760 und die »Descriptions des Arts et Métiers« um 1770 zeigen, und ohne Zögern hätte er jedes Werkzeug zu benennen und sich seiner zu bedienen gewußt.

Manche Materialien und Techniken wären dem Schreiner der Gotik neu gewesen, aber er hätte sie zu integrieren vermocht in die Handwerkswelt, wie sie immer gewesen war. Schwieriger wäre es ihm geworden zu begreifen, daß die Anforderungen an seine Kunst nicht bei Tisch und Truhe, Wiege und Sarg stehengeblieben waren. Techniken rationeller Arbeitsteilung waren fortgeschritten in den Betrieben und zwischen ihnen. Es gab im 18. Jahrhundert Akkordarbeit und mißtrauische Entfremdung zwischen Brotgebern in wachsenden Werkstätten und den Gesellen.

Doch einem Menschen der Gotik wären Werkstatt und Werkzeug um 1780 noch vertraut gewesen, verglichen mit jenem Schock, der ihm ein Menschenalter später bevorgestanden hätte: Bandsägen, Kreissägen, Fräsmaschinen, Hobelmaschinen und viele andere Werkzeugmaschinen, alle durch Transmissionsriemen an eine zentrale Dampfmaschine angeschlossen, diktierten den Arbeitsablauf und forderten hohe Investitionen. Der alte Handwerker hatte viele Werkzeuge noch selbst herzustellen gewußt – damit ist es seit 1840 vorbei. Beim Arbeiten hatte er stets das Werkzeug bewegt, das Werkstück selbst blieb in Ruhe. Ausnahme waren die Drehbank und der Rumpelhobel des 17. Jahrhunderts, dieser eine genial konstruierte Maschine niederländischer Rahmenfabrikanten, aber im 18. Jahrhundert schon ohne Nachfrage, daher vergessen, technisch modern und wirtschaftlich doch nur Sackgasse. Die Werkzeugmaschinen des 19. Jahrhunderts wurden in den Boden zementiert, es bewegte sich das Werkstück. Seitdem erst war der Weg frei zu systematischer Zerlegung von Arbeitsprozessen. Die neuen Maschinen rentierten sich dabei um so mehr, je kontinuierlicher sie arbeiteten, je mehr sie produzierten. Anders als Mensch und Tier bedurften sie der Pausen nicht.

In den Spinn- und Webtechniken vielfach das gleiche Bild, indes war hier die Reife der mittelalterlichen Technik bereits um Jahrhunderte früher eingetreten, durch Massenfertigung, Kapitalkonzentration und Verlagswesen begünstigt. Die Kunst der Silberschmiede und der Bronzegießer, die Statuen und Kanonen gossen wie Benvenuto Cellini, hatte schon am Ende des Mittelalters jenen technischen Reifegrad erreicht, der bis ins zweite Drittel des 19. Jahrhunderts gelten und dann erst den Gesetzen der Massenfabrikation und der Rationalisierung weichen wird.

Diese Stabilität alter Handwerkstechnik bis zur Schwelle der Industrialisierung galt allerdings dort nicht, wo neue Materialien auftauchten, wie um 1710 das europäische Porzellan, und industrielle Fertigungsprozesse ohne Vorbild provozierten. Es gehörte dazu eine Arbeitsorganisation, die zünftig nicht mehr zu bewältigen war; Produktion auf Lager für einen Markt, der erst noch zu schaffen war; endlich und vor allem ein Kapitalbedarf, wie er allenfalls den älteren Montanindustrien und der chemischen Grundstoffindustrie der Frühmoderne zu eigen gewesen war. Die Entwicklung von irdenen Waren zum Porzellan war technisch ein Sprung. Künstlerisch allerdings setzte das Porzellan eine Formensprache fort, die im Silber – vor allem dem Hugenottensilber um 1700 – und in ostasiatischer Keramik etablierte Vorbilder besaß.

Die Nachfrage war die zweite Dimension, in der die materielle Kultur sich entfaltete. Adam Smith hat in seinem großen Essay vom Reichtum der Nationen 1776 eine Beobachtung gemacht, welche der idealistischen These des 19. Jahrhunderts über die Eigengesetzlichkeit der Kunst den Boden entzieht. Es bedürfe, so spitze der schottische Moralphilosoph und Ökonom eine allgemeine Regel zu, auch das Genie der Nachfrage. Die Nachfrage aber bewegte sich in Alteuropa im Rhythmus von fetten Jahren und mageren, von Krise und Konjunktur. Dabei entwickelte sich die Kaufkraft der landbesitzenden Eliten, die vorwiegend als Kunstkäufer hervortraten, im Prinzip gegenläufig zur Kaufkraft jener städtischen Handwerkerschichten, welche die Kunstgüter erzeugten.

Korn war knapp und deshalb teuer in Alteuropa, Arbeit aber übergenug und meist sehr wohlfeil. Die

»terms of trade« zwischen Korn und Arbeitslohn begünstigten den, der Korn anzubieten hatte, und sie waren bitter für den, der nichts als Fleiß und Ingenium zu verkaufen hatte. Vom Dreißigjährigen Krieg bis um die Mitte des 18. Jahrhunderts waren Menschen in Mitteleuropa knapp, die Löhne daher verhältnismäßig auskömmlich.

Seit Mitte des 18. Jahrhunderts wurde Arbeit aber, auch die der besten Kunsthandwerker und Künstler, immer billiger im Vergleich zu Korn und Brot. Land, städtische Grundstücke und Korn dagegen stiegen unablässig im Preis – in fünfzig Jahren bis zu dreihundert Prozent. Weshalb auch die Handwerkskunst im Zeichen des Klassizismus vom Siebenjährigen Krieg, der ihm folgenden Handelsdepression und Geldkrise bis zur Revolution gekennzeichnet war von staunenswertem Arbeitsaufwand bei sinkenden Realeinkommen.

Was aber trieb die Nachfrage voran? Nach den großen Studien von Sombart, Elias und Kantorowicz kann man staatliche Repräsentation, sozialen Ehrgeiz und Erotik als Antriebskräfte identifizieren. Vor allem den Staat galt es in Szene zu setzen. Das Schloß, das nach der inneren Befriedung des Territorialstaats nicht mehr vorwiegend Festung sein mußte, wurde Gesamtkunstwerk wie vordem nur Tempel und Kathedrale. Von beiden bezog der Schloßbau der Frühmoderne seine Maßstäbe, die er dann dem Bahnhof und der Börse eines ganz anderen Zeitalters vererben wird.

Versailles und Schönbrunn, das Berliner Stadtschloß und die Petersburger Eremitage waren, symbolisch betrachtet, Gehäuse für Götter, die sterblich waren und unsterblich zugleich. Höfische Nachfrage war auf permanente Erneuerung dieses außeralltäglichen Glanzes gerichtet. Nirgendwo kam dieser Glanz deutlicher zum Ausdruck als in jenen Sonnen am Schloßbau von Versailles, die das höfische Europa blendeten. Die Kunst des französischen Hofes, zwischen 1660 und 1680 unter dem großen Minister Colbert zu höchster Blüte gebracht, war der wirksamste Werbeträger, den die neuere Geschichte je kannte; das galt für Pariser Silber, Bronzen, Kutschen und Möbel und die schönen Seiden aus Lyon. Hofkunst wirkte weit über die Höfe hinaus. Hofkunst setzte über Adel und Patriziat dem Bürgertum die Maßstäbe, ja sie formte noch den Stoff, aus dem die Träume der Unteren gemacht waren.

Kunst, Technik und Nachfrage ergänzten und steigerten einander in der alten Welt. Wo neue Techniken aufkamen, waren sie noch lange Zeit der Tradition einzufügen. Die Gesamtkonstellation hielt. Damit aber sind wir, zum dritten, beim Handwerker, der im Dienst der frühmodernen Staatsidee mit dem Künstler viel und wenig gemein hatte: viel, weil Hofhandwerker und Hofkünstler auf derselben Stufe der höfischen Hierarchie standen, derselben Kleiderordnung unterlagen, die gleichen Reisespesen abrechneten, die gleiche höfische Werkstatt zu den gleichen generösen Bedingungen betrieben, die gleiche Privilegierung des Rechtsstands genossen unmittelbar unter dem Souverän.

Allerdings waren die Handwerker auch der gleichen Ungewißheit bezüglich Bezahlung und Status ausgesetzt: Kinder des Glücks, die der kleinen bedrängten Welt der Handwerker und der freien Künste enthoben waren, solange die Gnadensonne schien, und in sie zurückfielen, wenn sie sich verfinsterte. Viel auch hatten sie gemein, weil die höfisch-patrizische Welt hohe Prämien setzte auf das Nochniedagewesene, auf Überwindung der Tradition und neueste Erfindung, was ebenso einen technischen Durchbruch im Uhrenbau bedeuten konnte wie eine ästhetische Neuerung. Viel auch deshalb, weil der Auftraggeber in der Regel wichtiger war, mächtiger ohnehin, als der Ausführende und weil beide, Handwerkstechnik und Kunst, sich einem bekannten, vorgegebenen Zweck einzufügen hatten: der Repräsentation des regelsetzenden, disziplinierenden, triumphierenden Staates.

Wenig aber auch, weil die erfolgreichsten unter den Künstlern im 17. Jahrhundert einen Aufstieg begannen und im 18. Jahrhundert fortsetzten, bei dem nur wenige Handwerker – Silberschmiede wie Benvenuto Cellini oder Adam van Vianen oder ein Unternehmer wie David Roentgen – ihnen folgen konnten. Ungleich blieben sie auch, weil der Angehörige der freien Künste mit viel höherem Risiko arbeitete als der Handwerker, dessen Sturz zuletzt doch noch das Sozialnetz der Zunft abfing. Ungleich blieben sie auch im Punkte der Bezahlung: Die größten Künstler rückten als Genie in die Nähe der irdischen Gottheit, ihre Werke wurden noch zu Lebzeiten gesammelt und als Prestigeobjekte in einer Bewertung gehandelt, die weitgehend unabhängig war von Materialkosten und Arbeitslöhnen. Der Handwerker dagegen blieb eingezwängt in Regeln der Preisbildung, die auf die praktische Ethik des »gerechten Preises« zurückgingen.

Diese Konstellation zeigte Risse, als im letzten Viertel des 18. Jahrhunderts die Höfe ermüdeten und die höfischen Aufträge sich verminderten. Die Ursache waren widrige Konjunkturen, aber auch eine neue Mentalität, die die Einstellung zu Mensch und Staatsidee veränderte. Wo »häusliche Freuden« Lebensideal wurden wie in Wörlitz, da waren die Tage der »douceur de vivre« gezählt. Gleichheitsideen und die Identifizierung von Vernunft und Natur nahmen der höfischen Sphäre mit ihrem göttlichen Glanz auch ihr Selbstbewußtsein und ihr durch die Liaison von Kunst und Technik bestimmtes Repräsentationsbedürfnis.

Dieser Prozeß ging der politischen Revolution voraus, und in deren Verlauf wurde er Weg ohne Wiederkehr. Die Hofkünstler sicherten sich Planstellen bei den Akademien, die Hofhandwerker sanken ab, wo sie nicht ihr Glück – der Bronzier Thomire, der noch am Thronhimmel Ludwigs XVI. 1789 mitgewirkt hatte, fertigte für die Revolution Musketen und für Napoleon wieder »bronzes d'ameublement« – als frühe Unternehmer machten. Kunst und Handwerkstechnik trennten sich, als ihr gemeinsamer höfischer Bezugspunkt verloren war. Dem alten Handwerk insgesamt ging in der großen Bevölkerungskrise um 1800 zuerst sein Markt verloren, dann sein korporativer Status und am Ende auch die Sicherheit, die der von den Zünften eingehegte Markt und der hohe Standard der Produktqualität einst bedeutet hatten. Die Zünfte, von den Aufklärern längst als Hort der Borniertheit denunziert, fielen mit der Hofkunst in Agonie.

Was aber wurde in der politischen und der industriellen Revolution aus der langen Ehe von Kunst und Technik? Sie wurde aufgelöst, als hätte sie nie bestanden. Die Konstellation von Technik, Markt und Herrschaftsordnung, die so lange gegolten hatte, war binnen einer oder zweier Generationen zu Ende.

Dampftechnik seit 1780 und Werkzeugmaschinen seit 1820/30 hatten zur Folge, daß neue Gestaltungsmöglichkeiten sich anboten. Die Erfahrung von Jahrhunderten taugte nicht mehr, ja sie wurde hinderlich. Neue Materialien wurden zugänglich, von denen frühere Zeiten nichts gewußt hatten, und neue Bearbeitungsmethoden, die ihre eigene Gesetzlichkeit entwickelten. Auf dem Massenmarkt von Gebrauchsgütern, der sich zum ersten Mal in der modernen europäischen Geschichte auftat, war die Produktionstechnik unter dem Gesetz der »economies of scale« wichtiger als Bewahrung formaler und ästhetischer Kontinuität. Ihr huldigte man im Dekor, nicht mehr in der Substanz. Der Aufstieg der Industrie wurde davon getragen, daß mehr produziert wurde als je zuvor, und in der Regel zu sinkenden Preisen. Das aber bedeutete für die Unternehmer, daß, wer auf Handwerkstechnik und elitäre Märkte setzte, die wirtschaftliche Katastrophe über sich heraufbeschwor.

Denn zu den Innovationen technischer Art kam eine tiefgreifende Veränderung der Nachfrage. Hatten ehedem die Eliten in Land, Macht und Ansehen investiert und damit die Symbiose von Handwerkstechnik und Hofkunst prämiiert, so versprach nach dem Sturz der Götter die Kunst kaum noch ideelle Rendite. Höfe und Aristokratie verloren ihre Funktion als Auftraggeber, die miteinander gewetteifert hatten um die besten Werke der Kunst, um Künstler und Hofhandwerker. Für die Künstler wurden die Akademie Schutzgehäuse, aber es fehlte das politische Zentrum, dessen Repräsentation verpflichtende Maßstäbe setzte. Die Kunst wurde so frei, wie sie funktionslos wurde.

Gewiß, es wurde gesammelt, mehr als je zuvor: Aber dieses Sammeln geschah lange Zeit im Zeichen des Historismus, und unter Führung der Rothschilds erwarben die reichen Bankiers eher die Überreste des Ancien Régime, die den europäischen Kontinent überschwemmten, als die Gegenstände ihrer Zeit. Was Herrschaftsmagie gewesen war, wurde einer neuen Generation Sammelobjekt feinsinniger Kenner. Die alte Synthese von Handwerkstechnik und Kunst sank ab zum Erinnerungswert. Der Historismus, der das Sammeln beflügelte, lähmte für den Rest des 19. Jahrhunderts die Triebkräfte schöpferischer Phantasie.

Das aber hatte schmerzliche Folgen für den Erzeuger. Denn – um an Adam Smith zu erinnern – auch das Genie bedarf der Nachfrage. Um zu überleben, mußte es sich dorthin wenden, wo die Prämien höher waren: in technische Entwicklung und industrielle Fertigung von Gütern für wachsende Nachfrage, seien es Werkzeug- und Antriebsmaschinen in kleiner Serie, seien es technische Konsumgüter in Massenfabrikation. Das Ergebnis: Eine zur Industrie gewordene Technik, eine von ihrer früheren funktionalen Disziplin freigestellte Kunst hatten einander kaum noch etwas mitzuteilen.

Kunst nahm die Industriewelt nur in Ausnahmefällen zur Kenntnis, in der Regel wandte sie sich ab von der neuen Häßlichkeit und entwarf trostreiche Gegenwelten. Industrie zitierte Kunst in der dorischen Säule, die eine Balancierdampfmaschine trägt, oder in den Stahlträgern der Bahnhöfe von Augsburg bis Victoria Station. Industrie und Kunst standen für die Dauer eines Jahrhunderts unverbunden nebeneinander. Seit der Mitte des 19. Jahrhunderts unternahmen es die Kunstgewerbemuseen, den Riß zu kitten, aber im großen und ganzen vergeblich.

Die Kontinuität von Technik und Kunst, höfischem Machtanspruch und korporativem Gleichmaß hatte im Klassizismus noch eine späte Blüte gefunden, und sie zerbrach in den politischen und industriellen Revolutionen an der Schwelle zum 19. Jahrhundert. Der Rest war langer Abschied.

Anmerkungen

1 P. Chaunu, Europäische Kultur im Zeitalter des Barock, dt. Frankfurt/M. 1970;
S. Eriksen, Early Neo-Classicism in France, London 1974.
Die Vorarbeiten für diesen Essay gehen zurück auf Studien über Struktur, Markt und Techniken des Alten Handwerks, die ich von 1976 bis 1981 zusammen mit Dr. Thomas Brachert (Chefrestaurator des Germanischen Nationalmuseums in Nürnberg) leitete. Die Finanzierung wurde durch die Stiftung Volkswagenwerk geleistet. Forschungsaufenthalte an der Harvard-Universität und am Institute for Advanced Study in Princeton erlaubten es mir, eine zusammenfassende Studie zu schreiben:
Handwerk und höfische Kultur. Europäische Möbelkunst im 18. Jahrhundert, München 1982.
Dieser Essay stellt die Frage nach dem Wandel von Mentalität und Politik im Zeichen des Klassizismus, dessen Zerfall, der höfischen Welt und dem Untergang des alten Handwerks.

2 F. Furet/D. Richet, Die Französische Revolution, Frankfurt/M. 1968;
O. Brunner/W. Conze/R. Koselleck, Geschichtliche Grundbegriffe. Historisches Lexikon zur politisch-sozialen Sprache in Deutschland, Stuttgart seit 1972.

3 Dazu zuletzt mit reichen Belegen der Ausstellungskatalog The Treasure Houses of Britain, Five Hundred Years of Private Patronage and Art Collecting, National Gallery of Art, Washington, D. C., Washington 1985.

4 Vgl. Katalog der Ausstellung im Charlottenburger

Schloß 1983, Bilder vom irdischen Glück, hrsg. von den Freunden der preußischen Schlösser, Berlin 1983; sowie den Katalog Watteau 1684-1721 (Ministère de la Culture, Editions de la Réunion des musées nationaux), Paris 1984.

5   E. Hirsch, Dessau-Wörlitz. Zierde und Inbegriff des 18. Jahrhunderts, Leipzig und München 1985.

6   Litteratur und Völkerkunde. Ein periodisches Werk, Bd. 3, Dessau 1783, S. 127-131; vgl. auch die idealisierende Korrespondenz über England und die »beneidenswerthe Glückseligkeit« seiner Bewohner, ebd., S. 273 bis 295.

7   Vgl. A. von Buttlar, Englische Gärten in Deutschland, in: »Sind Briten hier?« Relations between British and Continental Art 1680-1880, hrsg. vom Zentralinstitut für Kunstgeschichte, München 1981, S. 97-126.

8   Vgl. H. Kreisel, Die Kunst des deutschen Möbels, 3 Bde. (Bd. 3 mit G. Himmelheber), München 1968, 1970, 1973; M. Stürmer, Londons Kunstschreiner im 18. Jahrhundert. Vorbild und Gegenbild der deutschen Möbelkunst, in: »Sind Briten hier?« Relations between British and Continental Art 1680-1880, hrsg. vom Zentralinstitut für Kunstgeschichte, München 1981.

9   Vgl. G. Himmelheber, The Craftsmanship of David Roentgen, in: Connoisseur Nr. 775 (vol. 193), S. 17-21; vgl. auch M. Stürmer, Die Roentgen-Manufaktur in Neuwied, in: Kunst und Antiquitäten 5/1979-2/1980. Grundlegend noch immer H. Huth, Abraham und David Roentgen und ihre Neuwieder Möbelwerkstatt, München ²1974.

10 F.-W. von Erdmannsdorff, Sammlung der Zeichnungen, Staatliche Galerie Dessau Schloß Georgium, Dessau 1986.

11 G. Peschken/H.-W. Klünner, Das Berliner Schloß. Das klassische Berlin, Frankfurt/M. und Berlin 1982.

12 Zit. nach A. von Buttlar, a.a.O., S. 109.

13 Über Hackert zuletzt der Ausstellungskatalog des Wallraf-Richartz-Museums 1984: Heroismus und Idylle. Formen der Landschaft um 1800, Köln 1983; wie eng Hackert mit dem Dessau-Weimarer Kreis verbunden war, verrät nicht allein Goethes ausführliche Biographie von 1804, sondern auch ein so beiläufiges Zeugnis wie der Aufsatz in »Litteratur und Völkerkunde« (siehe Anmerkung 6), 1783, S. 575-578: »Auszug eines Briefes aus Rom, den 10. Oktober 1783, Kunstnachrichten betreffend«.
    Über Tischbein A. Stoll, Der Maler Johann Friedrich August Tischbein mit seiner Familie, Stuttgart 1923.
    Zusammenfassend H. von Einem, Deutsche Malerei des Klassizismus und der Romantik, 1760-1840, München 1980.
14 Zit. nach A. von Buttlar, a.a.O., S. 101.
15 R. Koselleck, Kritik und Krise. Eine Studie zur Pathogenese der bürgerlichen Welt, Frankfurt/M. ²1976.
16 W. Abel, Massenarmut und Hungerkrisen in der vorindustriellen Epoche, Göttingen 1973;
    M. Stürmer, Herbst des Alten Handwerks, München 1979 (²1986).
17 Zit. nach Honour, in: Arts Council of Great Britain, The Age of Neo-Classicism, London 1972.
18 Zit. ebd.
19 Gedruckt bei S. Eriksen, Early Neo-Classicism, a.a.O.
20 A. Young, Reisen durch Frankreich, dt. Braunschweig 1973, Bd. 1, S. 267 (21. Juli 1789).

Literatur

ABEL, W.: Massenarmut und Hungerkrisen in der vorindustriellen Epoche, Göttingen 1973.

ARTS COUNCIL OF GREAT BRITAIN (Hrsg.): The Age of Neo-Classicism (The Fourteenth Exhibition of the Council of Europe), London 1974.

BEARD, G.: Craftsmen and Interior Decoration in England 1660–1820, Edinburgh 1981.

Bilder vom irdischen Glück. Ausstellung im Charlottenburger Schloß 1983, hrsg. von den Freunden der preußischen Schlösser, Berlin 1983.

BRUNNER, O./CONZE, W./KOSELLECK, R. (Hrsg.): Geschichtliche Grundbegriffe. Historisches Lexikon zur politisch-sozialen Sprache in Deutschland, Stuttgart seit 1972.

BUTTLAR, A. VON: Englische Gärten in Deutschland, in: »Sind Briten hier?« Relations between British and Continental Art 1680–1880, hrsg. vom Zentralinstitut für Kunstgeschichte, München 1981, S. 97-126.

CHAUNU, P.: Europäische Kultur im Zeitalter des Barock, dt. Frankfurt/M. 1970.

DUVAUX, L.: Livre-Journal 1748–1758, Paris 1965.

ELIAS, N.: Die höfische Gesellschaft, Neuwied ⁴1979.

ERDMANNSDORFF, F.-W. VON: Sammlung der Zeichnungen, Staatliche Galerie Dessau Schloß Georgium, Dessau 1986.

ERIKSEN, S.: Early Neo-Classicism in France, London 1974.

FURET, F./RICHET, D.: Die Französische Revolution, Frankfurt/M. 1968.

GAEHTGENS, T. W.: Versailles als Nationaldenkmal, Antwerpen und Berlin 1985.

GIEDION, S.: Spätbarocker und romantischer Klassizismus, München 1922.

HARKSEN, L.: Die Kunstdenkmale des Landes Anhalt (Inventar), Dessau 1938-1943.
HASKELL, F.: Taste and the Antique, London 1981.
HIMMELHEBER, G.: The Craftsmanship of David Roentgen, in: Connoisseur Nr. 775 (vol. 193), S. 17-21.
HIRSCH, E.: Dessau-Wörlitz. Zierde und Inbegriff des 18. Jahrhunderts, Leipzig und München 1985.
HUTH, H.: Abraham und David Roentgen und ihre Neuwieder Möbelwerkstatt, München ²1974.
KOSELLECK, R.: Kritik und Krise. Eine Studie zur Pathogenese der bürgerlichen Welt, Frankfurt/M. ²1976.
KREISEL, H.: Die Kunst des deutschen Möbels, 3 Bde. (Bd. 3 mit Himmelheber, G.), München 1968, 1970, 1973.
KRUEDENER, J. FREIHERR VON: Die Rolle des Hofes im Absolutismus, Stuttgart 1973.
NEF, J.U.: Cultural Foundations of Industrial Civilization, Hamden/Connecticut 1974.
PARET, P.: Die Berliner Secession. Moderne Kunst und ihre Feinde im Kaiserlichen Deutschland, Berlin 1981.
Park und Garten im 18. Jahrhundert, hrsg. von der Arbeitsstelle Achtzehntes Jahrhundert, Gesamthochschule Wuppertal, Heidelberg 1978.
PESCHKEN, G./KLÜNNER, H.-W.: Das Berliner Schloß. Das klassische Berlin, Frankfurt/M. und Berlin 1982.
SOMBART W.: Luxus und Kapitalismus, ²1922.
STOLL, A.: Der Maler Johann Friedrich August Tischbein mit seiner Familie, Stuttgart 1923.
STÜRMER, M.: Die Geburt der Häßlichkeit. Der Kunstmarkt um 1800, in: Dissonanzen des Fortschritts, München 1986.
– Die Roentgen-Manufaktur in Neuwied, in: Kunst und Antiquitäten 5/1979-2/1980.
– Die Suche nach dem Glück. Staatsvernunft und Utopie, in: Deutsche Verwaltungsgeschichte, Bd. II, einleitender Essay, Stuttgart 1974, S. 1-20.
– Handwerk und höfische Kultur. Europäische Möbelkunst im 18. Jahrhundert, München 1982.

- Herbst des Alten Handwerks, München ²1986.
- Londons Kunstschreiner im 18. Jahrhundert. Vorbild und Gegenbild der deutschen Möbelkunst, in: »Sind Briten hier?« Relations between British and Continental Art 1680–1880, hrsg. vom Zentralinstitut für Kunstgeschichte, München 1981.

THADDEN, R. VON: Die Hugenotten 1685–1985, München 1985.

The Quiet Conquest. The Huguenots 1685–1985 (Museum of London), London 1985.

The Treasure Houses of Britain. Five Hundred Years of Private Patronage and Art Collecting, National Gallery of Art, Washington D. C., Washington 1985.

TOCQUEVILLE, A. de., Der alte Staat und die Revolution, hrsg. v. J.P. Mayer, 1959.

VERLET, P.: Le chateau de Versailles, Paris 1985.

Watteau 1684–1721 (Ministère de la Culture, Editions de la Réunion des musées nationaux), Paris 1984.

300 Jahre Hugenotten in Hessen, Ausstellung im Museum Fridericianum Kassel, Kassel 1985.

MICHAEL STÜRMER

geboren 1938, o. Professor für Mittlere und Neuere Geschichte an der Universität Erlangen; Research Fellow Harvard University 1976/77, Mitglied des Institute for Advanced Study in Princeton 1977/78, Gastprofessor der Sorbonne in Paris seit 1982. Wichtigste Veröffentlichungen: »Handwerk und höfische Kultur. Europäische Möbelkunst im 18. Jahrhundert«, München 1981; »Das ruhelose Reich. Deutschland 1866–1918«, Berlin 1983; »Dissonanzen des Fortschritts«, München 1986.

Abbildungen

Vorderes Vorsatz
Die Entdeckung von Pompeji und Herculaneum, durch den Ausbruch des Vesuvs im Jahre 79 n. Chr. verschüttet und seit dem Jahr 1748 freigelegt, machte Epoche in der Antikenrezeption Europas. Zum ersten Mal wurde man nicht griechischer oder römischer Monumente ansichtig, sondern des Lebens in einer Villenstadt aus der Zeit kurz nach der Epochenwende. Die Anlage der Stadt, der Grundriß der Häuser, das Dekor der Räume mit den Resten ihrer Möbel und vor allem die bis dahin nahezu unbekannten Malereien – das alles gab einen völlig neuen Eindruck von der untergegangenen Welt der Alten, und man kann sich die Sensation kaum vorstellen, die das machte. Philipp Hackerts Bild von der Ausgrabung Pompejis ist in vielerlei Hinsicht ein Schlüsselwerk der Epoche, die sich von nun an entschieden dem römischen und hellenischen Ideal zuwendet.

Hinteres Vorsatz
Die Größe der Alten und die Kleinheit der Modernen, Arkadien mit weidenden Ziegen und glücklichen Hirtinnen, das der Geschichte abgestorbene Italien und die Erhabenheit der römischen Vergangenheit: was der Dresdner Hofmaler Johann Philipp Veith (1765–1835) in dieser Zeichnung von 1797 festhielt, gehörte zum klassischen Programm nordeuropäischer Italienwallfahrt in der zweiten Hälfte des 18. Jahrhunderts. Zuhause entstanden aus solchen Skizzen Ölbilder, die die Paläste des aufgeklärten Absolutismus schmückten, Zitate der Klassik und Prospekte einer jenseits der Geschichte liegenden Gegenwelt.
Bezeichnet: »Thermen von Caracalla«. Aus Slg. Lahmann, Weißer Stein, Dresden.

Reihe CORSO bei Siedler

Konrad Adenauer
BRIEFE ÜBER DEUTSCHLAND
1945-1951
2. Auflage · 120 Seiten
mit Abbildungen, Leinen

Willy Brandt
DIE ABSCHIEDSREDE
2. Auflage · 96 Seiten
mit Abbildungen, Leinen

Marion Dönhoff
PREUSSEN - MASS
UND MASSLOSIGKEIT
96 Seiten mit Abbildungen
Leinen

Joachim Fest
DIE UNWISSENDEN MAGIER
Über Thomas und
Heinrich Mann
144 Seiten
mit Abbildungen, Leinen

Heinz Friedrich
MEIN DORF
80 Seiten mit Abbildungen
Leinen

Klaus Fußmann
DIE VERSCHWUNDENE MALEREI
140 Seiten mit Abbildungen
Leinen

Andreas Hillgruber
ZWEIERLEI UNTERGANG
Die Zerschlagung des Deutschen Reiches
und das Ende des europäischen Judentums
3. Auflage · 112 Seiten
Leinen

Werner Knopp
WOHER, BERLIN, WOHIN?
96 Seiten mit Abbildungen
Leinen

Hermann Lübbe
POLITISCHER MORALISMUS
Der Triumph der Gesinnung über
die Urteilskraft
128 Seiten, Leinen

Christian Meier
POLITIK UND ANMUT
124 Seiten mit Abbildungen
Leinen

Karl Schlögel
DIE MITTE LIEGT OSTWÄRTS
Die Deutschen, der verlorene Osten
und Mitteleuropa
112 Seiten mit Abbildungen
Leinen

Helmut Schmidt
VOM DEUTSCHEN STOLZ
Bekenntnisse zur Erfahrung
von Kunst
96 Seiten, Leinen

Wolf Jobst Siedler
AUF DER PFAUENINSEL
Spaziergänge
in Preußens Arkadien
4. Auflage · 120 Seiten
mit 17 doppelseitigen
Abbildungen, Leinen

Richard v. Weizsäcker
VON DEUTSCHLAND AUS
Reden des Bundespräsidenten
11. Auflage · 112 Seiten
Leinen

CIP-Kurztitelaufnahme der Deutschen Bibliothek

Stürmer, Michael: Scherben d. Glücks / Michael Stürmer. – Berlin: Siedler, 1987. (Corso bei Siedler). ISBN 3-88680-180-2

© 1987 by Wolf Jobst Siedler Verlag GmbH, Berlin.
Alle Rechte vorbehalten, auch das der fotomechanischen Wiedergabe. Satz: Bongé & Partner, Berlin. Ausstattung: H.P. Willberg, Eppstein/Ts. Reproduktionen: Faesser, Berlin. Druck und Buchbinder: Clausen & Bosse, Leck. Printed in Germany 1987
ISBN 3-88680-180-2

Bildnachweis
Die beiden Vorsätze sowie die Gemälde von Philipp Hackert und Friedrich August Tischbein kommen aus Privatbesitz. Planvorlagen zu Schloß und Garten Wörlitz in: Beschreibung des fürstlich Anhalt-Dessauischen Landhauses und englischen Gartens zu Wörlitz von August Rode, Dessau 1788 (Aufnahme: Paulmann). Die Goethe-Zeichnung entstammt: Corpus der Goethezeichnungen, Band 1, Leipzig 1958. Der Erdmannsdorff-Entwurf ist abgebildet in: Peschken/Klünner, Das Berliner Schloß, Frankfurt/M., Berlin, Wien 1982. Das Gilly-Aquarell entstammt: Mielke/v. Simson, Das Berliner Denkmal für Friedrich II., dem Großen, Frankfurt/M., Berlin, Wien 1975. Schutzumschlagabbildung: J.H. Füssli, »Der Künstler, verzweifelt vor der Größe der antiken Trümmer«, 1778-1780, Kunsthalle Zürich.